U0748045

职业教育课程改革系列新教材

民航国内货运销售实务

主　编　杨晓青
副主编　彭宏春
参　编　陈　芳　戚奕芸

机 械 工 业 出 版 社

本书以民航国内货运销售业务操作流程为主线，理论与实践密切结合，以学生为主体，体现"做学一体"理念，培养学生具备民航国内货运销售各岗位的基本职业能力。

本书以工作任务和职业能力的体现为原则，主要内容包括：学前准备、民航国内货物运输销售业务流程与实务、民航国内特种货物运输规则、民航国内货物不正常运输处理及赔付，以及国内航空货物运价表、常用飞机货舱数据、国内航空货物运输单，运价计算栏、运费加总栏等。

本书可作为中等职业院校民航、物流等专业的教材。

图书在版编目（CIP）数据

民航国内货运销售实务/杨晓青主编. —北京：机械工业出版社，2017.11（2025.2 重印）
职业教育课程改革系列新教材
ISBN 978-7-111-58355-4

Ⅰ．①民… Ⅱ．①杨… Ⅲ．①民用航空—货物运输—中等专业
学校—教材 Ⅳ．①F560.84

中国版本图书馆 CIP 数据核字（2017）第 262694 号

机械工业出版社（北京市百万庄大街 22 号 邮政编码 100037）
策划编辑：徐永杰 聂志磊 责任编辑：陈 洁
责任校对：王 欣 封面设计：马精明
责任印制：单爱军
北京虎彩文化传播有限公司印刷
2025 年 2 月第 1 版第 7 次印刷
184mm×260mm · 8.25 印张 · 189 千字
标准书号：ISBN 978-7-111-58355-4
定价：29.80 元

电话服务 网络服务
客服电话：010-88361066 机 工 官 网：www.cmpbook.com
010-88379833 机 工 官 博：weibo.com/cmp1952
010-68326294 金 书 网：www.golden-book.com
封底无防伪标均为盗版 机工教育服务网：www.cmpedu.com

未来 20 年，全球航空货运市场的增长速度将高于客运增长速度。虽然中国的航空货运业还处于起步阶段，但仍会以高于世界平均水平的速度飞速发展。中国民用航空局也非常重视中国航空货运的发展，并相信中国的航空货运业将会有一个光明的前景。

在这样的背景下，各个航空承运人都纷纷行动，通过走联合、兼并、重组、合作之路来加强航空货运能力，纯货运航空公司纷纷成立，客货兼营的航空公司的货运部门也不断扩大货运规模，大型货机和货舱容量不断增加，服务水平也不断提高，并逐步发展成为系统化、规范化的航空物流管理。可以预见，由航空公司、机场、销售代理等角色构成的航空货运市场将呈现出全新的格局，竞争将日趋激烈，不断促进优胜劣汰，我国航空货运业将由单一货运向运输、仓储、装卸、加工、包装、配送等一体化服务的现代物流转型。

航空货运销售代理作为货主和航空公司之间的纽带和桥梁，在航空货运市场上扮演着不可或缺的角色，作为中间人，航空货运代理既可以是货主的代理，代替货主向航空公司办理托运或提取货物的手续，也可以是航空公司的代理，代替航空公司接收货物。随着市场竞争的加剧，越来越多的代理人都将转型为能够提供系统服务方案与多种运输方式相结合的物流供应商。

综上所述，随着航空货运业的不断发展，对人才的要求也越来越高，为了适应市场竞争，各个航空货运企业迫切需要一支具备知识化、科学化、信息化的现代物流专业人才队伍。

民航上海中专学校也看到了航空货运市场的广阔前景和就业机遇，并努力抓住市场，迎接挑战，从教学方法和教学手段上不断改革和创新，并结合上海市教委的航空服务专业标准要求，以任务引领为指导思想，先从教材改革入手，带动整个教学环节的进步。

本书在编写过程中，编写人员多次到实际岗位调研，并聘请行业专家研讨参编，遵循以工作任务和职业能力的体现为原则，以民航货运销售基础理论为切入点，以民航国内货运销售业务操作流程为主线，努力做到理论与实践密切结合，体现"做学一体"和学生为教学主体的理念，激发学生的学习兴趣，培养学生具备民航货运销售各个岗位的基本职业能力。

最后对全体参编人员表示衷心感谢！

编　者

目 录
CONTENTS

2 第二章　民航国内货物运输销售业务流程与实务 / 37
CHAPTER

第一章

学 前 准 备

　　本章从货物运输（简称货运）的基础知识入手，讲述了货物运输的定义、地位、运输方式，以及货物运输与物流管理之间的关系，展开至航空货物运输的基础理论，包括航空货物运输的定义、特点、经营方式、经营范围、经营模式、业务范围及飞机货舱及装卸设备简介等，并重点讲解了货物运输的一般条件，包括航空货物体积、重量的确定，航空货物包装和标记的要求，还较详细地介绍了航空货物运输代理的概况，包括业务范围、操作流程等内容，是今后学习民航国内货物运输销售业务专业知识的基础。

学习目标

- ◎ 了解货物运输的相关知识。
- ◎ 掌握航空货物运输的相关知识。
- ◎ 熟练掌握航空货物体积和重量的确定方法。
- ◎ 了解货舱及装卸设备的相关知识。
- ◎ 掌握各类机型的分类及货舱的相关知识。
- ◎ 掌握航空货物包装要求。
- ◎ 掌握航空货物标记的识别和使用的相关知识。
- ◎ 了解航空货运代理（简称货代）的业务范围及操作流程。

第一节
货物运输的相关知识

一、货物运输

1. 货物运输的含义

运输是指人和物的载运和输送。货物运输则专指"物"的载运和输送，是以改变"物"的空间位置为目的的活动，即对"物"进行空间位移。货物运输的主要形式如图 1-1～图 1-3 所示。

| 上海 | | 北京 |

图 1-1 航空运输

| 工厂1 | | 工厂2 |

图 1-2 铁路运输

| 机场 | | 仓库 |

图 1-3 公路运输

2. 货物运输的地位

1）物流的主要功能之一。物流包括运输、仓储、配送、装卸搬运、流通加工、包装和信息服务七大部分。

2）社会物质生产的必要条件之一。

3）创造"场所效用"。

4）"第三利润源"（第一利润源：原材料；第二利润源：劳动力；第三利润源：物流的成本）的主要源泉。

知识定义

货物是指有形动产，包括电力、热力、气体在内的供出售的物品。

运输可以创造"场所效用"，其含义是由于空间场所不同，其使用价值不同，效益实现不同。

案例分析

海南建省后，热带水果、反季节蔬菜的种植面积不断增加，产量迅猛上升，但海南省内市场有限，难以就地消化。为了打开瓜、果、菜出省的困难局面，海南省政府开通了海陆"绿色通道"，同时，随着三亚凤凰机场和海口美兰机场的建成开通，海南不断拓宽瓜、果、菜的运输渠道，开通了海口至北京、上海、天津等大城市的保鲜空运，"绿色通道"形成了海、陆、空"三翼"齐飞的新格局。其中，海运效益最好，一开通便受到了广大农户和客商的欢迎。

为什么海南的水果和蔬菜要运出省？为什么海运的效益最好？空运与其他运输形式比较有哪些优势呢？

二、货物运输的方式

货物运输方式如图 1-4 所示。

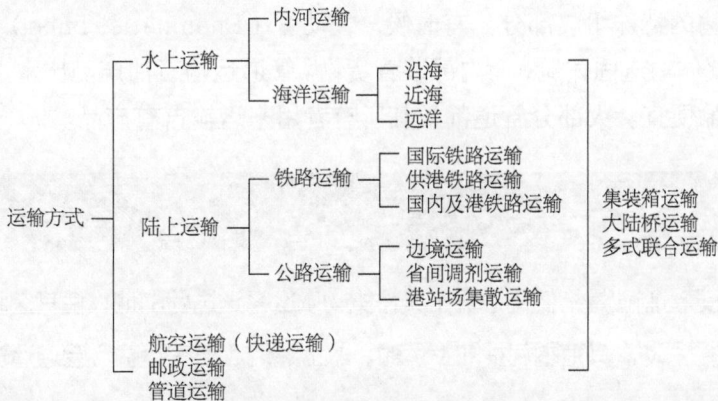

图 1-4　货物运输的方式

1. 水上运输

内河运输是水上运输的重要组成部分，它是连接内陆腹地与沿海地区的纽带，在运输和集散进出口货物中起着重要的作用。

在国际货物运输中，运用最广泛的是海洋运输，其特点有：通过能力大；运量大；运费低。

2. 陆上运输

在货物运输中，铁路运输是仅次于海洋运输的主要运输方式，海洋运输的货物大多靠铁路运输进行货物的集中和分散。

公路运输是一种现代化的运输方式，它不仅可以直接运输货物，而且也是车站、港口和机场集散货物的重要手段。

3. 航空运输

航空运输是一种现代化的运输方式，它与海洋运输、铁路运输相比，具有运输速度快、货物运输质量高，并且不受地面条件限制等优点。因此，它最适合运送急需物资、鲜活商品、化学危险品、精密仪器和贵重物品。

4. 邮政运输

邮政运输是一种较简便的运输方式，具有多式联运和"门到门"运输的性质，手续简便，费用也不高，故其成为货物运输中普遍采用的运输方式之一。

5. 集装箱运输

集装箱运输是以集装箱作为运输单位进行自动化货物运输的一种现代化的、先进的运输方式，它可适用于海洋运输、铁路运输及航空运输等。

6. 管道运输

管道运输是一种以管道输送流体货物的运输方式，而货物通常是液体和气体，是统一运输网中干线运输的特殊组成部分。有时候，气动管（Pneumatic Tube）也可以做到类似工作，以压缩气体输送固体舱，而内部装着货物。管道运输石油产品比水上运输费用高，但仍然比铁路运输便宜。大部分管道都被其所有者用来运输自有产品。

知识定义

> 现代交通运输业是指使用运输工具将货物或旅客送达目的地，使其空间位置得到转移的业务活动。其范围包括陆上运输、水上运输、航空运输、管道运输、邮政运输等。
>
> 装卸搬运是指使用装卸搬运工具或人力将货物在运输工具之间、装卸现场之间或运输工具与装卸现场之间进行装卸和搬运的业务。

案例分析

> 近年来交通运输业迅猛发展，货运市场已由原来的卖方市场转变为买方市场，公路、航空、水路的竞争异常激烈。上海位于长江三角洲，是全国经济的龙头，进出口货源异常繁多，这使上海货运市场变得异常火爆。
>
> 为什么各大航空公司都想立足上海的货运市场？与其他运输方式相比，上海应如何发展航空运输？

三、物流管理与货物运输

1. 物流管理

物流管理是指为满足消费者的需求而进行的对货物、服务及相关信息从起始地到消费地的有效率与效益的流动与存储的计划、实施与控制的过程。其主要特点为：

1）包含效率和效益两方面。

2）通过对供应链的有效管理达到节省成本并增加效益的目的。

3）是一门管理科学。

2. 供应链

供应链示意图如图 1-5 所示。

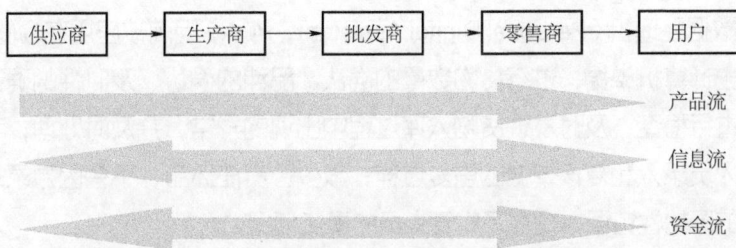

图 1-5　供应链示意图

3. 货物运输与物流的区别

1）货物运输是物流的主要功能之一。

2）货物运输使货物产生位移。

3）货物运输是物流实施的关键。

4）物流是一门管理科学。

4. 信息技术的支持

典型的信息技术如图 1-6 所示。

图 1-6　典型的信息技术

知识定义 ✈

1. 供应链管理

供应链管理（Supply Chain Management，SCM）就是对企业供应链的管理，是对供应、需求、原材料采购、市场、生产、库存、订单、分销发货等的管理，包括从生产到发货、从供应商到客户的每一个环节。供应链是企业赖以生存的商业循环系统，是企业电子商务管理中最重要的课题。

2. 全球定位系统

全球定位系统（Global Positioning System，GPS）在物流中应用普及，其可以通过互联网实现信息共享，使物流各方信息透明准确，从而达成最佳的物流方案，获得最佳的经济效益。

3. 个人数据处理机

个人数据处理机（Personal Digital Assistant，PDA）目前被应用在仓储管理上，可直接调出计算机单据，进行货物数量的确认、品种的确认、及时性的确认，并可以对条码进行检查；及时发现货物入库过程中出现的异常，并及时处理；节省了后台计算机人员录入和复核单据的重复过程，减少了责任环节，不会因为录入错误而带来库存的原始性错误，提高了库管人员的责任与权力。

4. 电子数据交换

电子数据交换（Electronic Data Interchange，EDI）是指货主、承运业主及其他相关的单位之间，通过电子数据交换系统进行物流数据交换，并以此为基础实施物流作业活动的方法。物流电子数据交换参与单位有货主（如生产厂家、贸易商、批发商、零售商等）、承运业主（如独立的物流承运企业等）、实际运送货物的交通运输企业（铁路企业、水运企业、航空企业、公路运输企业等）、协助单位（政府有关部门、金融企业等）和其他的物流相关单位（如仓储业者、专业报送业者等）。

案例分析

美国联邦快递公司是世界上大型的配送公司，从表面上来看，我们对美国联邦快递公司的了解只是它庞大的机队和密布的地面运输网络，但实际上，美国联邦快递公司依靠物流信息技术发挥了核心竞争优势，如美国联邦快递公司能够有选择地每周 7 天、每天 24h 地跟踪和报告装运状况，客户只需拨打免费电话，即可获得"地面跟踪"和航空递送这样的增值服务。

试问：美国联邦快递公司主要依靠哪些先进的信息技术和信息系统来进行配送的呢？我国的航空公司要发展航空快递服务还存在哪些方面的不足呢？

第二节
航空货物运输的基础理论

一、航空货物运输的特点

1. 航空货物运输的优点

1）速度快。

2）安全准确。

3）手续简便。

4）节省包装、保险、储存等费用。

2. 航空货物运输的缺点

1）运量小。

2）运价高。

二、航空货物运输的经营方式

1. 班机运输

班机运输（Scheduled Airline）是目前经营定期航班的航空公司主要的运输方式，航空公司对外公布航班时刻表，对公众承担责任。

2. 包机运输

当货物批量较大，而班机不能满足需要时，一般可采用包机运输（Chartered Carrier）。这种运输方式属于不定期运输，航空公司根据包机双方签订的运输合同执行飞行任务，不执行航班时刻表，不对公众承担责任。

知识定义

　　班机运输是指规定了始发、经停、目的站及飞行时刻、机型的定期飞行方式。其特点是具有固定的起降时间、航线和停靠航站。通常为客机和客货混合型飞机，货舱容量较小，运价较贵，但由于班期固定，有利于货主安排鲜活商品或急需物资的运送。

　　目前，我国大部分航空公司主要为经营定期客运航班的承运人，主要采取班机运输货物的方式。

空运包机、包箱、包板及包舱业务：

1）包机运输是指航空公司按照约定的条件和费率，将整架飞机租给一个或若干个包机人（包机人是指发货人或航空货运代理公司），从一个或几个航空站装运货物至指定目的地。包机运输适合于大宗货物的运输，费率低于班机运输，但运送时间则比班机运输要长些。

①流程：申请包机→订立包机合同→履行包机合同中的规定及双方应承担的责任与义务。

②包机人和承运人可视货物的性质确定押运员，押运员凭包机合同办理机票并按规定办理乘机手续。

③包用飞机的吨位，由包机人充分利用。承运人如需利用包机剩余吨位，应当与包机人协商。

④包机合同签订后，除天气或其他不可抗力的原因外，托运人和承运人均应当承担包机合同规定的经济责任。包机人提出变更包机前，承运人因执行包机任务已发生调机的有关费用应当由包机人承担。

⑤包用飞机，承运人按包机双方协议收取运费。

2）申请包舱或包板（箱）的合同签订及双方应当承担的职责和义务参照包机的有关条款办理。

3）由于班机运输形式下货物舱位常常有限，因此，当货物批量较大时，包机运输就成为重要的方式。分段包机运输通常可分为整机包机和部分包机。

所谓整机包机是指航空公司或包机代理公司按照合同中双方事先约定的条件和运价将整架飞机租给包机人，从一个或几个航空港装运货物至指定目的地的运输方式。部分包机则是指由几家航空货运代理公司或发货人联合包租一架飞机，或者由包机代理公司把一架飞机的舱位分别卖给几家航空货运代理公司的货物运输形式。相对而言，部分包机适合运送 1t 以上但货量不足整机的货物，在这种形式下货物运费较班机运输低，但由于需要等待其他货主备妥货物，因此运送时间较长。

4）包机运输满足了大批量货物运输的需要，同时，包机运输的运费比班机运输的运费低，并且随市场供需情况的变化而变化，给包机人带来了潜在的收益。但包机运输是按往返路程分别计收费用的，存在着回程空放的风险。

5）与班机运输相比，包机运输可以由承租飞机的双方议定航程的起止点和中途停靠的空港，因此更具灵活性，但出于安全的需要，也为了维护航空公司的利益，往往会有限制，复杂烦琐的审批手续也大大增加了包机运输的营运成本，因此，目前开展包机业务的代理公司并不多。目前，国内包机代理公司主要开展向承运人包箱、包板及包舱的业务。

6）包机代理公司一旦包机运输货物，其身份就变成了承运人。

国内部分经营定期航班的主要承运人见表1-1。

表1-1　国内部分经营定期航班的主要承运人

中　文　名	英　文　名	代　码	公司标志
中国国际航空股份有限公司	Air China	CA	
首都航空有限公司	Capital Airlines	JD	
中国东方航空股份有限公司	China Eastern Airlines	MU	
中国南方航空股份有限公司	China Southern Airlines	CZ	
中国西南航空公司	China Southwest Airlines	SZ	
中国西北航空公司	China Northwest Airlines	WH	
中国北方航空公司	China Northern Airlines	CJ	
西部航空公司	WEST AIR	PN	
新疆航空公司	Xinjiang Airlines	XO	
云南航空公司	Yunnan Airlines	3Q	
昆明航空公司	Kunming Airlines	KY	
海南航空公司	Hainan Airlines	HU	
厦门航空公司	Xiamen Airlines	MF	

（续）

中 文 名	英 文 名	代 码	公司标志
四川航空公司	Sichuan Airlines	3U	
成都航空公司	Chengdu Airlines	EU	
上海航空公司	Shanghai Airlines	FM	
西藏航空公司	Tibet Airlines	TV	
天津航空公司	Tianjin Airlines	GS	
深圳航空公司	Shenzhen Airlines	ZH	
武汉航空公司	Wuhan Airlines	WU	
福建航空公司	Fujian Airlines	IV	
山东航空公司	Shandong Airlines	SC	
中原航空公司	Zhongyuan Airlines	Z2	
河北航空公司（原东北航空公司）（HEBEI AIRLINES）	Hebei Airlines	NS	
中国华夏航空公司	CHINA EXPRESS	G5	
中国春秋航空公司	SPRING AIRLINES	9C	
中国吉祥航空公司	JUNEYAO AIRLINES	HO	
中国祥鹏航空公司	LUCKY AIR	8L	
中国奥凯航空公司	Okay Airways	BK	
中国联合航空公司	CHINA UNITED AIRLINES	KN	
中国新华航空公司	China Xinhua Airlines	HU	
香港国泰航空公司	CATHAY PACIFIC AIRLINES	CX	

（续）

中 文 名	英 文 名	代 码	公司标志
香港港龙航空有限公司	Hong Kong Dragon Airlines Limited	KA	DRAGONAIR 港龍航空
香港航空有限公司	HONGKONG AIRLINES	HX	
香港快运航空公司	HONGKONG EXPRESS	UO	HNA HONGKONG EXPRESS 香港快運
澳门航空公司	AIR MACAU	NX	
台湾中华航空公司	CHINA AIRLINES	CI	CHINA AIRLINES
台湾长荣航空公司	EVA　AIR	BR	EVA AIR
台湾立荣航空公司	UNI AIR	B7	UNI AIR 立榮航空
台湾复兴航空公司	Trans-Asia AIRWAYS	GE	
华信航空公司	MANDARIN AIRLINES	AE	華信航空公司 MANDARIN AIRLINES

三、航空货物运输的经营范围

1. 航空货物（Air Cargo）

载运或将要载运在飞机上的除了邮件、行李（作为货物交运的行李除外）以外的任何物品。

2. 航空邮件（Air Mail）

由邮政部门交由航空运输企业运输的邮件，主要包括信函、印刷品、邮包、报刊等。

3. 航空快递（Air Express）

具有航空快递经营资格的企业，使用专用快件标志，按托运人的要求，以最快的速度，门到门的服务，在托运人、承运人与收货人之间进行运输和交接货物的业务。航空快递的形式如下：

1）门（桌）对门（桌）：Door（Desk） to Door（Desk）。

2）门（桌）对机场：Door to Air。

3）专人派送：Courier on Board。

　　航空快递业务（Air Express Service）是由快递公司与航空公司合作，向货主提供的快递服务，其业务包括：由快递公司派专人从发货人处提取货物后以最快航班将货物出运，飞抵目的地后，由专人接机提货，办妥各项手续后直接送达收货人，称为"桌到桌运输"（Desk to Desk Service）。这是一种最为快捷的运输方式，特别适合于各种急需物资和文件资料的运输。

四、航空货物运输的组织方式

1. 单独托运

货主将托运货物交给航空货运代理公司或直接交给航空承运人，用单独的承运人运单运输，不和其他货主的货物放在一张运单上运输。

2. 集中托运

集中托运可以采用班机或包机运输方式，是指航空货运代理公司将若干批单独发运的货物集中成一批向航空公司办理托运，填写一份总运单送至同一目的地，然后由其委托当地的代理人负责分发给各个实际收货人。这种托运方式可降低运费，是航空货物运输代理的主要业务之一。

　　航空货物运输中，许多货物，如活动物、贵重物品、尸体、骨灰或承运人有特殊要求的特种货物是不能和其他货物放在一张货运单上运输的，必须单独托运。

五、航空货物运输的经营模式

全货物运输航空公司经营定期或不定期航班（如 UPS、FedEx、TNT、DHL）。
客货兼营航空公司经营全货机（如 KA、CA、MU）。
客货兼营航空公司经营（COMBINE）机型（CA、KLM）。
客货兼营航空公司使用客运航班飞机从事腹舱载货。
此外，有些航空公司使用具有快速拆卸功能的 QC 型飞机，能根据市场需求，一机两用。

知识定义 ✈

波音 737300（QC）飞机被航空界人士称为"快速转换型"飞机。它的引进并投入运行实现了客、货运输快速转换的新型运营模式，例如，飞机白天用于客运航班飞行，夜间则执行货物快递运输任务。这种运营模式将大大提高飞机的使用效率，降低运行成本，提高经济效益，对国内航空运输企业间的资源整合与集约经营产生积极的影响。

六、国内航空货物运输业务

目前，国内航空货物运输市场主要存在八类主要的参与者，如图 1-7 所示。

AIRLINES

货主　　物流外包商　　货代　　机场/货站　　航空公司　　机场/货站　　代理公司/货代　　收货人

图 1-7　国内航空货物运输市场中八类主要的参与者

航空货运代理公司（简称航空货代公司）目前在市场竞争中占主导地位。由于航空货代受到相关政策的保护，同时航空货代公司能代理几乎所有的航空公司的航线，再加上近三十年的发展，许多航空货代公司都已能提供全国性的货物运输服务。

机场货代利用其机场的垄断地位进行货代业务，使某些地区的货代竞争呈现垄断状态。

知识定义 ✈

1. 航空运输

利用航空器载运旅客、货物。

2. 国内运输

国内运输是指根据货物运输合同，其出发地点、约定的经停地点和目的地点均在中华人民共和国境内的运输。

3. 物流外包

物流外包（Logistics Outsourcing），即生产或销售等企业为集中精力增强核心竞争能力，而将其物流业务以合同的方式委托于专业的物流公司(第三方物流，3PL)来运作。

4. 航空货站

航空货站（Air Cargo Terminal）主要包括：

（1）位置　一般以紧靠停机坪为宜。

（2）主要构成

1）库区。国内始发库、国内到达库、国际到达库（或监管仓库）及保鲜库、冷冻库、危险物品库和贵重物品库等。

2）中性货站。中性货站是指既不属于任何航空公司，但服务于所有航空公司，既不属于任何货运销售代理人，但又服务于所有货运销售代理人，并且中介于航空货运销售和货物承运之间的、集经营性和服务性于一体的企业化的经济实体。

第三节
飞机货舱与航空货物运输设备

一、飞机货舱

1. 机型与载货方式（见图1-8）

（1）客机　客机的腹舱载货，如客运航空公司。

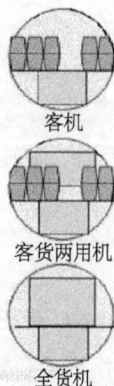

图1-8　机型与载货方式

（2）客货两用机　客货两用机上舱（0号舱）和下舱（腹舱）载货，如客运航空公司。

（3）全货机　全货机载货，如货物运输航空公司。

2. 客机货舱

客机货舱如图1-9所示。

窄体飞机（Narrow-body Aircraft）
腹舱为散货舱

宽体飞机（Wide-body Aircraft）
腹舱为集装货舱
集装化设备（Unit Load Devise，ULD）

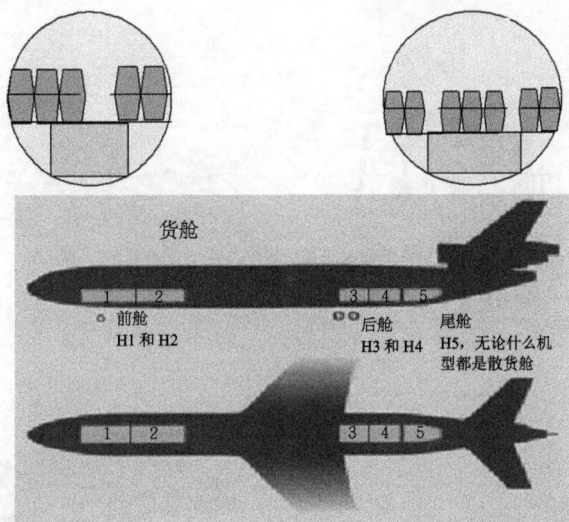

图1-9　客机货舱

3. 全货机货舱

全货机货舱如图1-10所示。

窄体货机：主舱（Main Deck，MD）→集装货舱，下舱（Lower Deck，LD）→散货舱

宽体货机：MD→集装货舱，LD→集装货舱

图1-10　全货机货舱

二、航空货物运输设备

随着现代物流的发展，航空货物运输设备也在不断向自动化、智能化提升，如拖车、高架叉车、自动分拣机、自动引导搬运车、升降平台、立体货架及集装箱板等（见图 1-11），极大地减轻了劳动强度，提高了货物运输的效率和服务质量，降低了成本，加速了货物运输业的发展。

图 1-11　航空货物运输设备

1. 装卸设备

装卸设备如图 1-12～图 1-15 所示。

图 1-12　叉车

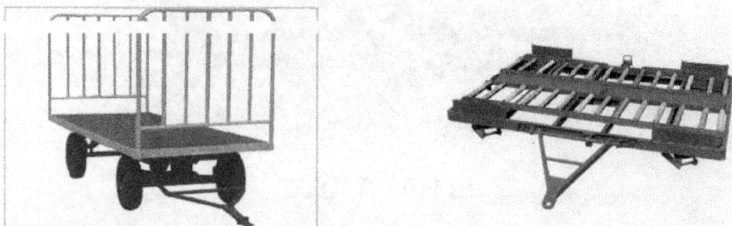

图 1-13　拖车

图 1-14　升降平台

图 1-15　飞机行李/货物传送带

2. 仓储设备

仓储设备如图 1-16～图 1-19 所示。

图 1-16　平面仓库

图 1-17　电子秤

图 1-18　地磅秤

图 1-19　立体货架

3. 集装器

集装器如图 1-20 和图 1-21 所示。

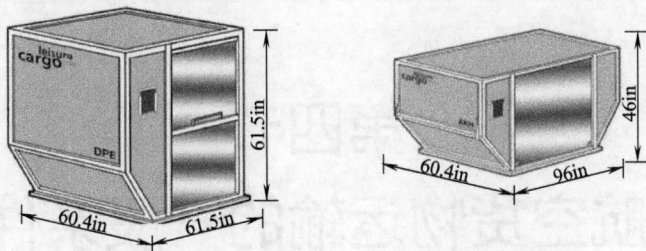

图 1-20　集装箱（1in=0.0254m）

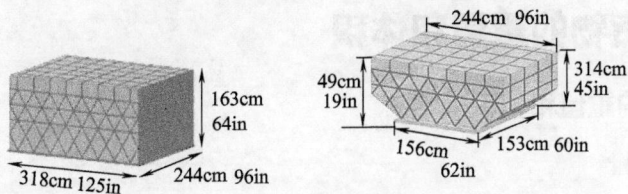

图 1-21　集装板

知识定义 ✈

窄体飞机：

Airbus Industrie：A319、A320、A321。

Boeing：B707、B727、B737、B757。

Fokker：FK100。

McDonnel Douglas：MD80、MD82、MD90。

宽体飞机：

Airbus Industrie：A300、A310、A330、A340、A380。

Boeing：B747、B767、B777。

Ilyushin：IL86。

McDonnel Douglas：DC10、MD11。

Lockhead：LH1011。

表 1-2　全货机

类型	小型	中型窄体	中型宽体	大型
型号	B737-300 运 8 B727-200 B727-100 DC9	B707-320 B757-200 DC8-70 DC9-50-60	A300-600 DC10-10 B767-300 A310-200/300	B747-300 B747-400 MD-11 DC10-30 L1011

大型货机：商载大于 65t。

中型宽体货机：商载 40～65 t。

中型窄体货机：商载 30～40 t。

小型货机：商载小于 30t。

第四节
航空货物运输的一般条件

一、航空货物的重量和体积

1. 航空货物的重量和体积确定

（1）货物的重量

1）货物净重是指货物不含包装本身的重量。

2）实际毛重是指货物本身加上包装的重量。

3）体积重量是指用货物的体积除以一个常数计算出的重量。

4）计费重量是指计算货物运费所用的重量。

（2）实际毛重的计重要求　以 1kg 为计重单位，结果四舍五入成整数。例如：2.3kg ≈ 2kg，2.5kg≈3kg。

例外情况：贵重物品的实际毛重精确至 0.1kg。

（3）体积重量的计算　无论何种包装的航空货物，体积都以"长×宽×高"计算。

体积的单位：边长和高都以厘米为单位，结果四舍五入成整数。

案例分析

1. 有一批航空货物，单件包装为长方体，长 44.4cm、宽 36.6cm、高 40.8cm，共 10 件，这批货物的体积应如何计算呢？

答案：44 cm ×37 cm ×41 cm ×10=667480 cm³。

2. 有一件航空货物的包装为圆柱体，直径为 31cm、高 51cm，这件货物的体积如何计算呢？

答案：31cm×31cm×51cm=49011 cm³。

$$体积重量（kg）=\frac{货物的体积（cm^3）}{6000（cm^3/kg）}$$

◆ 计算结果保留至小数点后 3 位，自第 4 位起舍去。

◆ 体积重量的进位以 1kg 为单位，结果四舍五入成整数。

知识定义

轻泡货物是指每公斤的体积超过 6000 cm³ 的货物。

1）货物体积（cm³）/ 6000（cm³/kg）>货物毛重。

2）轻泡货物以每 6000 cm³ 折合 1kg 重。

3）如箱装的卫生纸、绢花等。

4）轻泡货物的装卸费率较低，但占用货舱的空间较大，许多空运费用收取时，应按体积重量计收。

案例分析

1. 有一批航空货物，单件包装为长方体，长 44.4cm、宽 36.6cm、高 40.8cm，共 10 件，总毛重为 100kg，该批货物的体积重量是多少？该批货物是否属于轻泡货物？

答案：体积重量 $= \dfrac{44cm \times 37cm \times 41cm \times 10}{6000cm^3/kg} = 111.246kg$。

进位至 111kg。

体积重量 111kg>总毛重 100kg，该批货物属于轻泡货物。

2. 有一件航空货物的包装为圆柱体，直径为 37cm、高 51cm，毛重 15kg，这件货物的体积重量是多少？是否是属于轻泡货物？

答案：体积重量 $= \dfrac{37cm \times 37cm \times 51cm}{6000cm^3/kg} = 11.636kg$。

进位至 12kg。

体积重量 12kg<毛重 15kg，该货物不属于轻泡货物。

例外情况：贵重物品的体积重量以 0.5kg 为单位。

案例分析

有一箱贵重物品，包装的体积为 35cm×25cm×15cm，总毛重为 1.3kg，体积重量是多少？

答案：体积重量 $= \dfrac{35cm \times 25cm \times 15cm}{6000cm^3/kg} = 2.187kg$。

进位至 2.5kg。

多件不同体积的货物放在一张货运单上被当成一批货物运输时：

$$体积重量 = \dfrac{总体积}{6000（cm^3/kg）} = \dfrac{体积1 + 体积2 + \cdots\cdots + 体积n}{6000（cm^3/kg）}$$

案例分析

某国内货主托运 3 件货物由上海至北京，其中：

A：服装的重量为 8kg，体积为 45cm×45cm×35cm。

B：印刷品的重量为 10kg，体积为 25cm×35cm×40cm。

C：饰品的重量为 5kg，体积为 35cm×35cm×35cm。

该批货物的计费重量为多少？

答案：体积重量 $= \dfrac{45cm \times 45cm \times 35cm + 25cm \times 35cm \times 40cm + 35cm \times 35cm \times 35cm}{6000cm^3/kg} = 24.791kg$。

进位至 25kg。

> 计费重量的确定

在只知道货物体积和毛重的前提下

计费重量主要有两种可能：

毛重——货物为非轻泡货物。

体积重量——货物为轻泡货物。

提示：计费重量还有另一种可能，将在以后学习。

案例分析　某国内货主托运上海至北京服装一批，共 320kg，20 个纸箱，每箱体积为 65cm×65cm×50cm，该批货物的计费重量为多少？

答案：体积重量 $= \dfrac{65cm×65cm×50cm×20}{6000cm^3/kg} = 704.166kg$。

进位至 704kg。

实际毛重：320kg。

计费重量：704kg（轻泡货物）。

2. 航空货物的重量和体积限制

（1）最大重量、最大体积及最小体积限制　根据航班的机型、始发站、中转站和目的站机场的设备条件、装卸能力等因素来确定可收运货物的尺寸和重量。

航空货物重量和体积的限制见表 1-3。

表 1-3　航空货物重量和体积的限制

机型	单件货物重量	单件货物最大体积限制	单件货物最小体积限制
非宽体机	80kg	40cm×60cm×100cm	长、宽、高三边之和不小于 40cm，最小的一边一般不小于 5cm
宽体机	250kg	100cm×100cm×140cm	

知识定义

超限货物又称为超大超重货物，国内航空货运中是指单件货物的重量超过 80kg、体积超过 40cm×60cm×100cm 的货物，如大型机器设备、赛马、灵柩等。

超限货物被视为特种货物，需要事先安排运输，对机型（地板承受力、舱门尺寸）、装卸设备有要求。

许多航空公司会对超限货物额外收费。

（2）货舱门的尺寸及散货舱装载表

1）货舱门的尺寸。许多承运人规定：在收运时，货物的尺寸（长和宽）应比货舱门的尺寸（长和宽）小10cm。

案例分析　某国内货主托运一件货物：长115cm、宽60cm、高85cm，由上海航空公司的B757飞机装载。已知B757的舱门大小：前舱1.4m×1.07m，中舱1.4m×1.12m，后舱1.22m×0.81m，该机型的收货尺寸应为多少？该货主的货物能否被收运？若不能收运可以怎么处理？

2）装载表。B757腹舱装载表见表1-4。

表1-4　B757腹舱装载表

High	WIDTH										
	12	25	38	50	63	76	88	101	114	127	139
12	736	617	533	472	426	388	358	332	304	274	248
25	736	617	533	472	426	388	358	332	304	274	248
38	736	617	533	472	426	388	358	332	304	274	248
50	736	617	533	472	426	388	358	332	304	274	248
63	736	617	533	472	426	388	358	332	304	274	248
76	607	525	467	421	386	355	330	276	276	248	226
88	487	436	396	365	340	312	287	261	233	210	193
101	383	353	327	302	276	251	226	200	177	160	144

案例分析　某国内货主托运一箱体积为401cm×74cm×48cm的货物，不得翻转，能否装入B757腹舱中呢？

若该箱货物可以翻转，能否放入？

3）地板承受力。

$$货舱地板承受力（kg/m^2）=\frac{（货物重量+垫板重量）（kg）}{货物实际接触地板面积（m^2）}$$

知识定义

货舱最大地板承受力：当今飞机散货舱最长地板承力规定为732kg/m²，集装货舱为976kg/m²。

若装载货物后实际地板承受力超过了最大地板承受力，应加大货物的底部面积，通常的处理方法是在货物与货舱地板之间加一块垫板。

4）垫板面积。

$$垫板面积（m^2）=\frac{（货物重量+垫板重量）（kg）}{货舱地板承受力（kg/m^2）}$$

案例分析

1. 一件货物的重量为 180kg，体积为 35cm×45cm×55cm，如何放置可直接放入 B757 腹舱内？

2. 若该货物不可倒置，应如何处理？

3. 若货运部门备有 15kg、65cm×55cm 大小的垫板若干，如何使用？

4. 若货运部门没有垫板，代理人或货主自制垫板应制作多大的垫板？

二、航空货物的包装要求

1. 主要原则

坚固、完好、轻便、易于装卸。

2. 一般要求

1）货物包装应坚固、完好，在运输过程中能防止包装破裂、内物漏出和散失；防止因码放、摩擦、震荡或因气压、气温变化而引起货物损坏或变质；防止对操作人员产生伤害或污染飞机、地面设备及其他物品。

2）包装除应适合货物的性质、状态和重量外，还要便于搬运、装卸和码放；包装外表面不能有突出的钉、钩、刺等；包装要整洁、干燥，没有异味和油渍。

3）包装内垫的材料（如木屑、纸屑）不能外漏。除纸袋包装的货物（如文件、资料等），托运货物都应使用包装带捆。严禁使用草袋包装或草绳捆扎货物。

4）捆扎货物所用的包装带应能承受该货物的全部重量，并保证提起货物时不致断开。

3. 部分货物的特殊包装要求

（1）液体货物　容器内部必须留有 5%~10%的空隙，封盖必须严密，不得溢漏。用玻璃容器盛装的液体，每一容器的容量不得超过 500mL。单件货物毛重以不超过 25kg 为宜。箱内应使用衬垫和吸附材料填实，防止晃动或液体渗出。

（2）粉状货物　用袋盛装的，最外层应使用塑料涂膜编织袋作外包装，保证粉末不致漏出，单件货物毛重不得超过 50kg；用硬纸桶、木桶、胶合板桶盛装的，要求桶身不破、接缝严密、桶盖密封、桶箍坚固结实；用玻璃装的，每瓶内装物的重量不得超过 1kg。用铁制或木制材料作外包装，箱内用衬垫材料填实，单件货物毛重以不超过 25kg 为宜。

（3）精密易损、质脆易碎货物　单件货物毛重以不超过 25kg 为宜，可以采用以下方法包装：

1）多层次包装：货物—衬垫材料—内包装—衬垫材料—运输包装（外包装）。

2）悬吊式包装：用几根弹簧或绳索，从箱内各个方向把货物悬置在箱子中间。

3）防倒置包装：底盘大、有手提把（环）或屋脊式箱盖的包装；不宜平放的玻璃板，如风窗玻璃等必须使用此类包装。

4）玻璃器皿的包装：应使用足够厚的泡沫塑料及其他衬垫材料围裹严实，外加坚固的瓦楞纸箱或木箱，箱内物品不得晃动。

（4）大型货物　体积或重量较大的货物底部应有便于叉车操作的枕木或底托。

（5）其他类型货物　裸装货物可以不用包装，如轮胎等；不易清点件数、形状不规则、外形与运输设备相似或容易损坏飞机的货物，应使用绳、麻布包扎或外加包装。

4. 部分包装类型的要求

（1）纸箱　纸箱应能承受同类包装货物码放 3 层或 4 层高的总重量。

（2）木箱　木箱的厚度及结构要适合货物安全运输的需要；盛装贵重物品、精密仪器、易碎物品的木箱，不得有腐蚀、虫蛀、裂缝等缺陷。

（3）条筐、竹篓　条筐、竹篓应编制紧密、整齐、牢固、不断条等，尺寸以不超过 50cm×50cm×60cm 为宜，单件毛重以不超过 40kg 为宜，内装货物及衬垫材料不得漏出；应能承受同类货物码放 3 层高的总重量。

（4）铁桶　铁皮的厚度应与内装货物的重量相对应。单件毛重 25～100kg 的中小型铁桶，应使用 0.6～1.0mm 的铁皮制作；单件毛重为 101～180kg 的大型铁桶，应使用 1.25～1.5mm 的铁皮制作。

三、航空货物的标记

货物标记是发货标记、货物标签和指示标志的总称。

1. 发货标记

发货标记是指由托运人印制或书写在货物外包装上的标记，如托运人和收货人的姓名、地址，以及货物批号、包装储运的注意事项等，如图 1-22 所示。

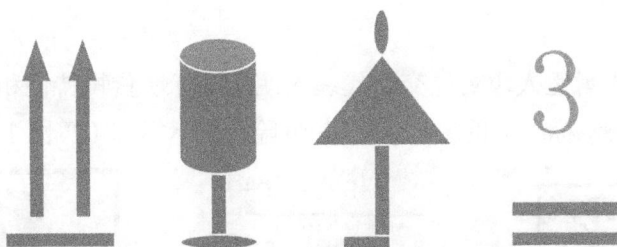

图1-22　发货标记

2. 货物标签

货物标签是指由承运人印制并交给代理人使用的表明航空公司名称、货物运输单（简称货运单）号码、件数及目的站的标记，如图1-23所示。

图1-23　货物标签

1. 现有一单货，共30件，300kg，温州至北京，运单号为999-12345675，该批货物至少需要几张货物标签？

2. 每张货物标签的内容应为：

航空公司名称

货运单号码

自　温州　　　　　　　　　　　　　　总件数

至

注：一张货物标签上必须具备的内容：目的站、总件数和运单号。

3. 指示标志

指示标志是指由承运人印制并交给代理人使用，标明货物特性和储运注意事项的标贴，包括包装储运指示标志（见图 1-24）和危险品指示标志（见图 1-25）。

鲜活易腐品	活动物	小心轻放
防潮	仅限货机	向上

图 1-24　包装储运指示标志

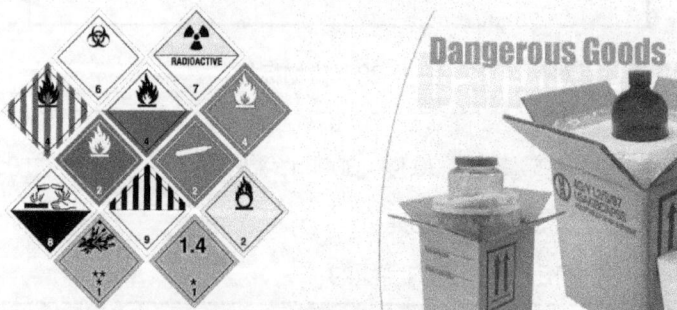

图 1-25　危险品指示标志

知识定义 ✈

水产品是指江、河、湖、海、池塘、滩涂出产的鲜活、冰鲜产品。

水产品的包装要求：4 层包装由里至外分别为塑料袋、泡沫箱、塑料袋和瓦楞纸板箱。

水产品空运标记：标签、向上、鲜活易腐、堆码极限、小心轻放。

第五节
国内航空货物运输代理

一、航空货物运输代理概论

1. 货物运输代理

货物运输代理是指从事代理业务的货物运输代理行业或代理人。

货物运输代理接受委托人的委托，代办各种运输业务并收取一定的报酬，即代理费、佣金或手续费。

知识定义

货运代理一词具有两种含义，即货物运输代理人和货物运输代理行业。

货物运输代理人本质上属于货物运输关系人的代理人，是联系发货人、收货人和承运人的货物运输中介人。货物运输关系人各自职责见表1-5。

表1-5　货物运输关系人各自职责

关系人	货主（同行）	航空货运代理人	航空公司
职责	❖ 将货物装箱、包装 ❖ 寻求货运代理 ❖ 发出托运单	❖ 寻求货物来源 ❖ 客户服务 ❖ 安排货物运送事宜 ❖ 提供仓储设备 ❖ 整理并处理货物运送相关文件 ❖ 相关费用的收、付	❖ 提供载具（客、货机） ❖ 收取与货物相关的文件 ❖ 航空运费结账

2. 货物运输代理的作用

1）能够安全、迅速、准确地组织进出口货物运输。

2）能够就运费、包装、单证、结关、检查与检验、金融、领事要求等提供咨询，并对国外市场的价格、销售情况提供信息和建议。

3）能够提供优质的服务。

4）能够把小批量的货物集中运输。

5）能够掌握货物全程的运输信息，使用现代化的通信设备随时向委托人报告货物在途中的运输情况。

6）不仅能组织协调运输，而且影响到新运输方式的创造、新运输路线的开发及新费率的制定。

货运代理企业可从事的经营范围包括:

1)揽货、订舱(含租船、包机、包舱)、托运、仓储、包装。

2)货物的监装、监卸、集装箱的拼装与拆箱、分拨、中转及相关的短途运输服务。

3)报关、报检、报验、保险。

4)缮制签发有关单证、交付或收取运费、结算及交付或收取杂费。

5)展品、私人物品及过境货物的运输代理。

6)多式联运、集运(含集装箱拼箱)。

7)快递业务(不含私人信函)。

依法可从事的其他国际货运代理业务

3. 航空货物运输代理

(1)航空货物运输代理的业务　货物在始发站机场交给航空公司时进行揽货、接货、订舱、制单、报关和交运等。货物在目的站机场时从航空公司处接货、接单及制单、报关,以及此后的送货或转运等。

知识定义 ✈

虽然航空货运业务一般有通过航空货物运输代理公司办理或由收货人、托运人直接向航空公司办理两种形式,但绝大部分航空公司不办理上述业务。

(2)航空货物运输代理公司作为货主和航空公司之间的桥梁和纽带,一般具有两种职能:

1)为货主提供服务的职能,代替货主向航空公司办理托运货物或提取货物业务。

2)航空公司的代理职能,经航空公司授权代替航空公司接受货物,出具航空公司主单和自己的分单,或者从事机场地面操作业务。

航协代理如图 1-26 所示。

图 1-26　航协代理

（3）航空货物运输代理的分类

1）销售代理包括航协代理（IATA Cargo Agent）及经国际航空运输协会认可由航空公司授权从事航空货物运输业务的代理人，如图 1-27 所示。

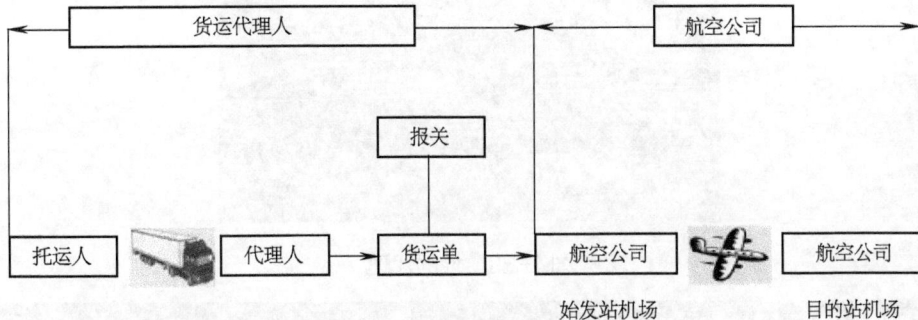

图 1-27　销售代理

2）集运商（Consolidator）和分运商（Break Bulk Agent）。集运商和分运商就是从事将多个托运人的货物集中起来作为一票货物交付给承运人，并采用较低运价的代理人，如图 1-28 所示。

图 1-28　集运商和分运商

案例分析　有 4 个货主：A 货主托运 30kg 货物，B 货主托运 150kg 货物，C 货主托运 200kg 货物，D 货主托运 120kg 货物，均由上海运至广州。已知运价：45kg 以下货物 6.4 元/kg，45kg 以上货物 5.1 元/kg，100kg 以上货物 4.5 元/kg，300kg 以上货物 3.8 元/kg。

问：代理人是如何通过拼货来赚取利润的？至多可以从这 4 位货主身上赚取多少利润呢？

3）地面代理。从事装卸货物、分解处理货物和集装箱板，以及为飞机加油、配餐、清洁飞机、为旅客办理乘机手续、托运行李、飞机维修检查等工作的代理人，如图 1-29 所示。

图1-29　地面代理

知识定义 ✈

　　销售代理人必须通过地面代理才能将货物装到航空公司的货舱内。目前，我国的地面代理业务由机场、航空公司、货站等民航企业经营。

二、航空货物运输销售代理的条件及责任与权利

1. 航空货物运输销售代理的条件

设立航空货物运输销售代理企业，应符合下列条件（仅供参考，实际以国家颁布的相关法律法规为准）：

1）必须依法取得中华人民共和国企业法人资格。

2）有与其从事的货物运输代理业务相适应的专业人员。

3）有固定的营业场所和必要的营业设施。

4）有稳定的货源市场。

5）注册资本限额。

2. 货物运输代理的责任与权利

1）基本责任：签发单据、掌握运输信息、准时到货、保密义务。

2）责任期限：根据指示将货物置于收货人指示的地点，履行合同中的交货义务。

3）合同责任：货物运输代理应对自己因没有执行合同所造成的货物损失负赔偿责任。

4）仓储责任：货物仓储期间尽职尽责，根据货物的特性和包装选择不同的储存方式。

5）权利：托运方应支付给货物运输代理因货物的运送、保管、投保、报关、签证、办理单据等，以及为其提供其他服务而引起的一切费用。

货物运输代理的除外责任

1）由于托运方的疏忽或过失。

2）由于托运方或其他代理人在装卸、储运或其他作业过程中的过失。

3）由于货物的自然特性或潜在缺陷。

4）由于货物的包装不牢固、标志不清。

5）由于货送达地址不清、不完整、不准确。

6）由于对货物内容申述不清楚、不完整。

7）由于不可抗力、自然灾害、意外原因。但如能证明货物的灭失或损害是由于货物运输代理的过失或疏忽所致，货物运输代理应对该货物的灭失、损害负赔偿责任。

三、航空货物运输销售代理业务的操作流程

1. 航空货物运输的操作流程

航空货物运输的操作流程如图 1-30 所示。

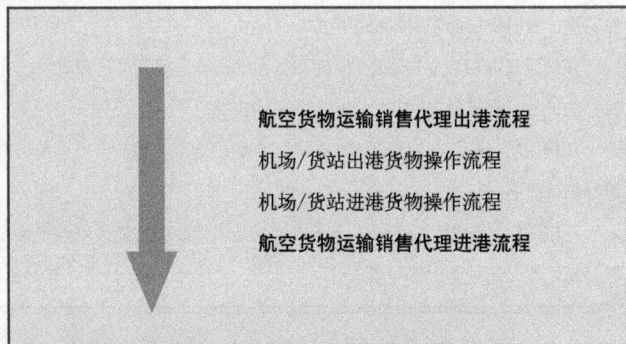

图 1-30　航空货物运输的操作流程

2. 航空货物运输销售代理业务操作流程的说明

航空货物运输销售代理出港流程如图 1-31 所示。

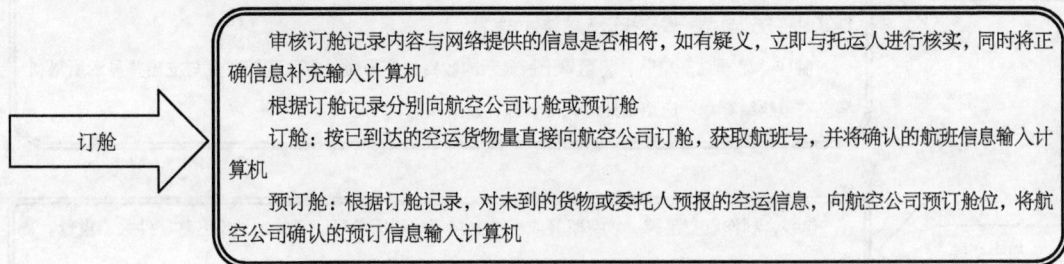

图 1-31　航空货物运输销售代理出港流程

| 审核单证 | 接到空运出港或托运人前来委托空运的相关信息，审核由托运人填写的"国内航空货物托运书"中所列的内容，仔细核对货物品名、件数、体积大小、包装和完好程度，确定计费重量，甄别所托货物是否属禁运品，核实托运人及收货人的详细单位名称、姓名、联系电话是否齐全，核对无误后请托运人在委托书上签名确认 |

| 打包称重 | 需空运的货物到达后，进行卸货，用磅秤称量实际重量，丈量体积，计算计费重量，司磅人员确定计费重量后在托运书上签名确认，将托运书交制单员

在称量货物重量的同时，仔细检查货物包装是否符合航空要求，对包装不符合航空要求的货物，应向托运人建议加固外包装或改包装，并为托运人提供打包和改包装的服务。为货物打包时，要根据航空要求及货物的特点，以牢固和不易破损为原则

贵重物品、易碎物品等在加固后，必须在货物的外包装上粘贴特殊标识，如防潮、防倒置、勿倾斜、轻搬轻放等 |

| 制单 | 制单员根据"国内航空货物托运书"分别制作总运单、分运单

操作过程中，制单员应按托运人的要求，详细填制所到的城市及该城市的代号；托运人、收货人的名称、地址、联系电话；件数、重量、计费重量、航班日期、货物品名、外包装情况，对特殊体积的货物需注明体积和尺寸

在储运注意事项及其他栏内，对已订舱的货物应填制"已订舱"，有随机文件的应注明随机文件的份数，需机场自提的货物应写明机场自提

正确填制运价，按计费重量填制不同等级的运价及燃油费。运单填制完毕后，制单员签名，填制制单日期

对门到门的货物，由制单员将运单及托运人填制的"国内航空货物托运书"一并进行复印，并将复印件交到港调度制作派送单 |

| 结算费用 | 根据分运单的总价对单票空运业务进行结算

对托运人现场收取运费的，按分运单标明的总价开具发票，列明收费项目、运单号，连同分运单（第一联）交托运方，收取现金或支票

凡与公司签订业务合同、协议的托运人，以公司内部划账结算方式，列为月结账客户；采用结算时将分运单第一联交托运人的结付方式

制作"单票结算单"，将运单上所显示的收费内容分类计算，列明收入与支出并显示所得利润。"单票结算单"应填制托运人的名称、收入来源、支出流向 |

| 航空交接 | 包装，制作航空吊牌。航空票签或吊牌上必须填明运单号、目的地城市名称、件数、重量。货运单与航空票签上的承运人必须一样，不得有误 |

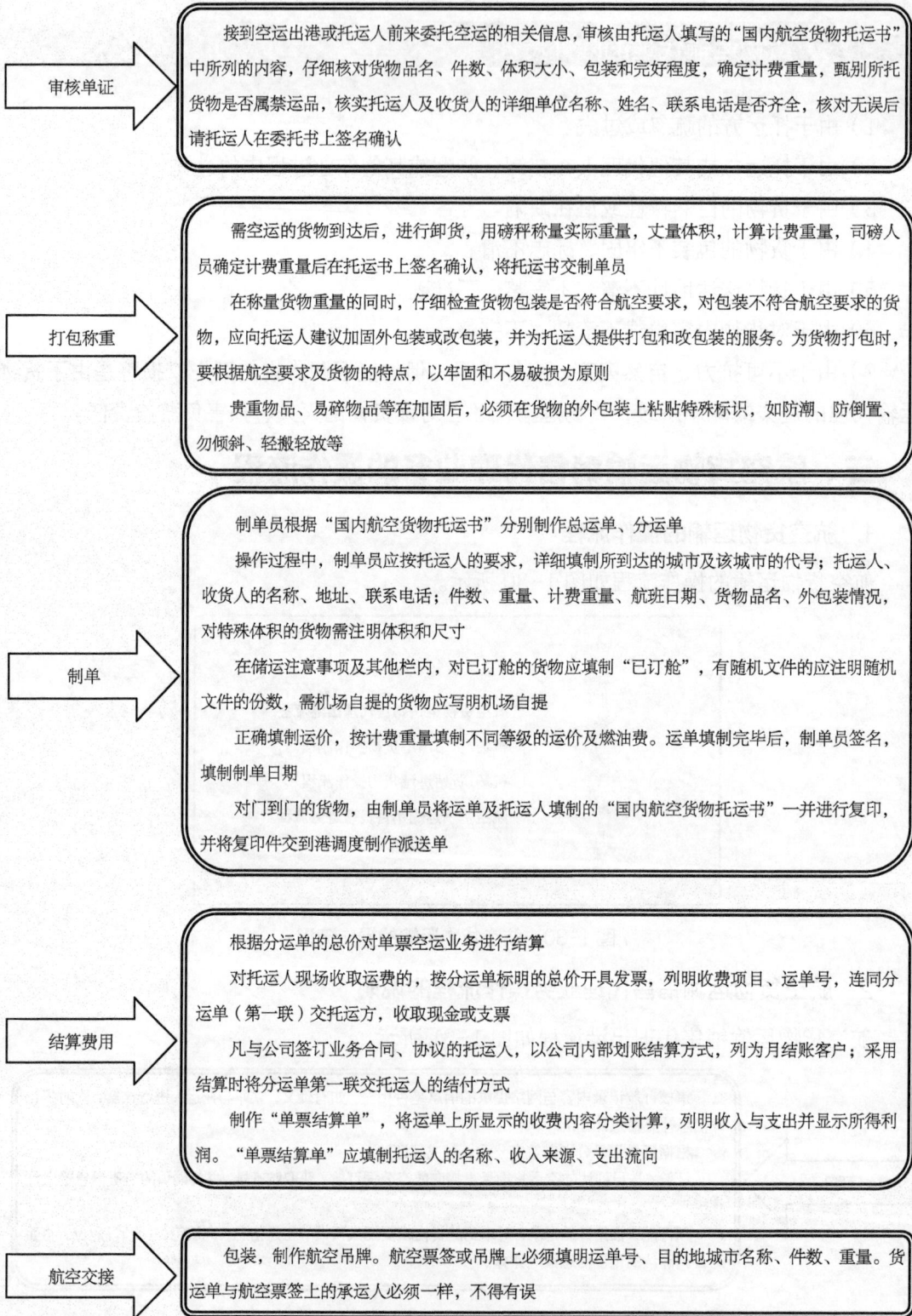

图 1-31 航空货物运输销售代理出港流程（续）

航空货物运输销售代理进港流程如图 1-32 所示。

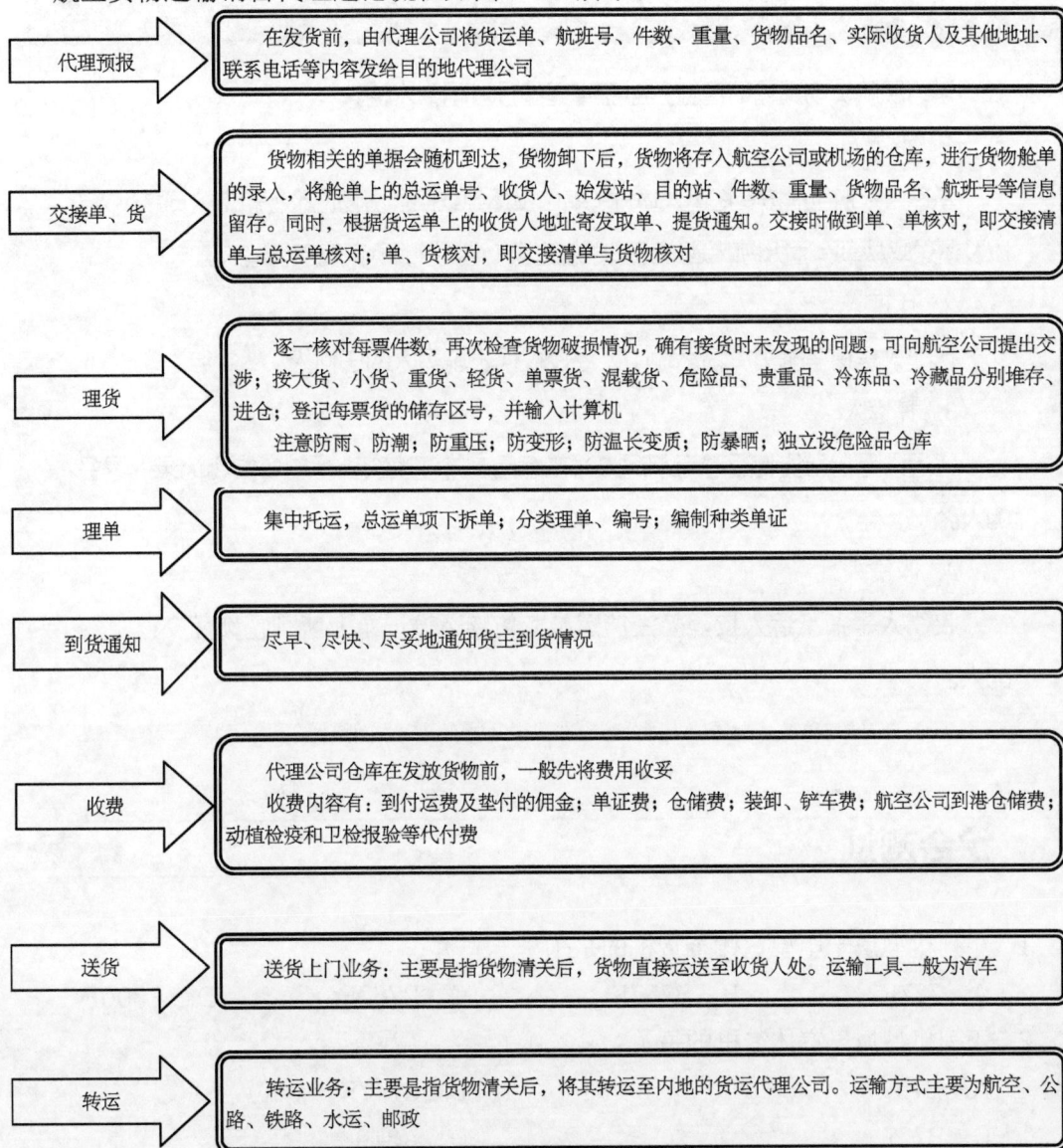

代理预报	在发货前，由代理公司将货运单、航班号、件数、重量、货物品名、实际收货人及其他地址、联系电话等内容发给目的地代理公司
交接单、货	货物相关的单据会随机到达，货物卸下后，货物将存入航空公司或机场的仓库，进行货物舱单的录入，将舱单上的总运单号、收货人、始发站、目的站、件数、重量、货物品名、航班号等信息留存。同时，根据货运单上的收货人地址寄发取单、提货通知。交接时做到单、单核对，即交接清单与总运单核对；单、货核对，即交接清单与货物核对
理货	逐一核对每票件数，再次检查货物破损情况，确有接货时未发现的问题，可向航空公司提出交涉；按大货、小货、重货、轻货、单票货、混载货、危险品、贵重品、冷冻品、冷藏品分别堆存、进仓；登记每票货的储存区号，并输入计算机 注意防雨、防潮；防重压；防变形；防温长变质；防暴晒；独立设危险品仓库
理单	集中托运，总运单项下拆单；分类理单、编号；编制种类单证
到货通知	尽早、尽快、尽妥地通知货主到货情况
收费	代理公司仓库在发放货物前，一般先将费用收妥 收费内容有：到付运费及垫付的佣金；单证费；仓储费；装卸、铲车费；航空公司到港仓储费；动植检疫和卫检报验等代付费
送货	送货上门业务：主要是指货物清关后，货物直接运送至收货人处。运输工具一般为汽车
转运	转运业务：主要是指货物清关后，将其转运至内地的货运代理公司。运输方式主要为航空、公路、铁路、水运、邮政

图 1-32 航空货物运输销售代理进港流程

简化操作流程已成为当今航空货物运输市场的焦点。航空货物运输主要环节所占时间比例如图 1-33 所示。

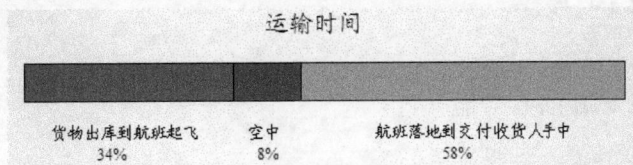

运输时间

货物出库到航班起飞 34%　空中 8%　航班落地到交付收货人手中 58%

图 1-33 航空货物运输主要环节所占时间比例

知识定义

学习民航货物运输销售业务时应掌握的几个相关术语:

1. 承运人

承运人是指包括接受托运人填开的航空货运单或保存货物记录的航空公司承运人,以及运送或从事承运货物或提供该运输的任何其他服务的所有航空承运人。

2. 代理人

代理人是指在航空货物运输中,经授权代表承运人的任何人。

3. 托运人

托运人是指为货物运输与承运人订立合同,并在航空货运单或货物记录上署名的人。

4. 收货人

收货人是指承运人按照航空货运单或货物运输记录上所列名称而交付货物的人。

综合测试

1. 下列机型属于中型宽体全货机的是 (   )。
   A. 727F   B. B757F   C. B767F   D. A300F

2. 下列机型属于宽体客机的是 (   )。
   A. B757   B. B747F
   C. B777   D. A319
   E. A330   F. B747COMBI

3. 下列舱位属于集装货舱的有 (   )。
   A. B757 上舱
   B. B757 的 4 号舱
   C. B767 的 5 号舱
   D. B747COMBI 的 0 号舱
   E. B737F 的上舱
   F. B757F 的 4 号舱

4. 下列货物装入 B757 下货舱内需要加垫板且不允许翻转的是（　　　　）。

    A. 200kg　60cm×50cm×30cm

    B. 128kg　2 ft ×1 ft ×1ft（1ft=0.3048m）

    C. 240kg　60cm×30cm×60cm

    D. 70kg　1 ft ×1 ft ×2ft

5. 下列货物能放入 B757 的货舱内且允许翻转的是（　　　　）。

    A. 401cm×74cm×48cm　　　　　　B. 150cm×120cm×100cm

    C. 338cm×61cm×80cm　　　　　　D. 580cm×35cm×22cm

6. 一件货物重 180kg，体积为 35cm×45cm×55cm。

1）如何放置可直接放入 B757 腹舱内？

2）若该货物不可倒置，如何处理：

    A. 若部门备有 15kg、65cm×55cm 的垫板若干，如何使用

    B. 代理人自制垫板

7. 在收运时，货物的尺寸应比货舱门尺寸小____cm。

8. 某货主托运 SHA-FOC 货物 10 件，共 120kg，体积为 2.7m，代理人通过合理拼货，至多可节省_____kg 的运费。

9. 有 3 个国内货主，托运上海至成都的普通货物（又称普货）如下：

    A. 30kg　　　　　B. 50kg　　　　　C. 220kg

集运商是如何拼货的？可从这 3 个货主处赚取运费差价多少？运价如下：

PEK-CTU

M　　　30.00

N　　　10.00

45　　　8.00

100　　　6.00

300　　　4.00

10. 计算体积重量和计费重量。

1）非贵重物品。

件数	单件尺寸	总毛重	体积重量/kg	计费重量/kg
5桶	直径：46.2cm 高：51.8cm	102kg		
2个板箱	241cm×99cm×87cm	730 kg		
8个纸箱	32.4cm×27.5cm×40.8cm	54kg		

2）贵重物品。

件数	单件尺寸	总毛重	体积重量/kg	计费重量/kg
1 个纸箱	35cm×35cm×35cm	6.2kg		
2 个纸箱	42cm×55cm×22cm	12.6kg		

11. 思考题：航空快递与航空货物运输有哪些不同？为什么我国许多航空承运人不能经营航空快递？

12. 若国内某货主托运海鲜（水产品）数箱，货物应如何包装？外包装上应显示哪些指示标志？

13. 某货主托运 SHA-PEK 普通货物 40 件，共 235kg，东航运单号码为 781-12345675 该单货至少需要____张货物标签。

请制作其中的一张标签。

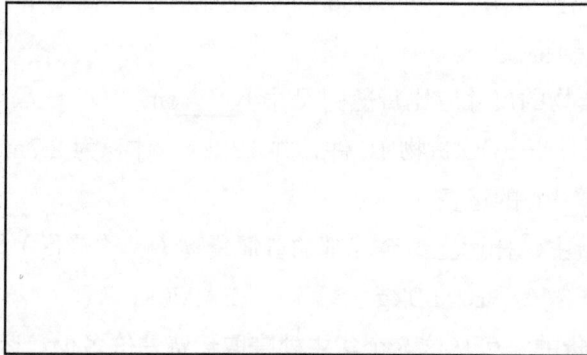

14. 写出下列机型的载货方式及主营该类机型的航空公司类型（在相应的空格内打*）。

机型图示	载货方式			客运航空公司	货物运输航空公司
	腹舱载货	全货机载货	部分主舱及腹舱载货		

第二章

民航国内货物运输销售业务流程与实务

本章以民航国内货物运输销售业务流程为主线，从货物运输的第一个环节——货物的接收开始，为同学们介绍航空货物托运、收运的一般规定，托运书的作用、内容及填开要求，货物的收运条件、收运流程，航空货物的订舱及仓储理货规定，货物运费的计收、货物运输单的填开，国内货物运输销售的运费结算，以及货物到达和交付的处理等内容。

学习目标

◎ 掌握航空货物委托运输及接收的相关规定。

◎ 掌握航空货物运输中托运人、收货人的权利和义务。

◎ 熟练掌握国内航空货物托运书的作用及填写要求。

◎ 掌握订舱及仓储理货的基本要求。

◎ 熟练掌握国内航空货物各项运费的计算方法。

◎ 熟练掌握国内航空货物运输单管理的相关要求及学会填开国内航空货物运输单。

◎ 掌握航空货物在销售环节到达和交付的相关要求。

◎ 了解销售代理人运费结算的相关规定。

◎ 掌握货物分拨的一般要求。

◎ 掌握航空货物运输售后服务的一般要求。

第一节
货物的委托和接收

一、货物托运的一般规定

1）托运国内货物时，托运人凭本人居民身份证（见图 2-1）或其他有效身份证件，填写货物托运书，并根据国家主管部门的规定随附必要的有效证明文件向承运人或代理人办理托运手续。

图 2-1 本人居民身份证

2）托运政府规定限制运输的货物及需向公安、检疫等有关部门办理手续的货物，应随附有关部门的准运证明。

3）因运输条件或货物性质不同而不能在一起运输的货物，应当分别填写托运书。

4）货物托运后，托运人或收货人可在出发地或目的地向承运人及其代理人查询货物的运输情况，查询时应出具货物运输单或提供货物运输单号码、出发地、目的地、货物名称、件数、重量、托运日期等内容。

5）国家规定必须投保的货物，托运人应在托运时投保货物运输险。托运国内货物，托运人可委托承运人或其代理人办理货物国内航空运输险。若投保货物在运输中发生损坏、丢失，保险公司将按保险条例给予赔偿。

6）为保证航空运输安全，货物中不准夹带禁止运输和限制运输的易燃、易爆、有毒物品或现钞、证券等贵重物品。

二、托运人的权利和义务

1. 托运人、收货人的权利

基本权利：要求承运人将货物按时、完好地运至目的地。

1）在承运人将货物交付收货人之前，托运人可以请求承运人中止运输、返还货物、变更到达地或将货物交给其他收货人。但应当赔偿承运人因此受到的损失。

2）收货人请求承运人赔偿损失的权利自提货之日起六个月内行使。

2. 托运人、收货人的义务

1）托运人办理货物运输，应当向承运人准确表明收货人的名称或姓名、收货地点，货物的性质、重量、数量，以及收货地点和其他有关货物运输的情况。因托运人申报不实或遗漏重要情况，造成承运人损失的，托运人应当承担损害赔偿责任。

2）货物运输需要办理审批、检验等手续的，托运人应当将办理完有关手续的文件提交承运人。

3）托运人应当按照约定的方式包装货物。对包装方式没有约定或约定不明确的，应当采用通用的包装方式；没有通用方式的，应当采取足以保护标的物的包装方式。

4）托运人托运易燃、易爆、有毒、有腐蚀性、有放射性等危险物品时，应当按照有关危险物品运输的规定对危险物品妥善包装，做出危险物标志和标签，并将有关危险物品的名称、性质和防范措施的书面材料提交承运人。

5）收货人应当及时提货，并应向承运人出示提货凭证，支付托运人未付或少付的运费及其他费用。收货人逾期提货的，还应向承运人支付保管费等费用。

6）收货人提货时应当按照约定的期限检验货物。对检验货物的期限没有约定或约定不明确，依照法律规定仍不明确的，应当在合理期限内检验货物。收货人在约定的期限或合理期限内对货物的数量、毁损等未提出异议的，视为承运人已经按照运输单证的记载交付货物的初步证据。

三、国内航空货物托运书

知识定义

托运书是托运人办理货物托运时填写的书面文件，是据以填开航空货运单的凭据。货物托运书被视为航空货物运输合同的一个组成部分，即委托书。

1. 托运书的本质和作用

法律规定，货物运输单由托运人填写，在实际操作中是由承运人或其代理人代托运人填写的，或者说是由托运人委托代理人填制的，而委托的书面依据就是托运书。

2. 托运书填写的一般要求

1）托运人对托运书内容的真实性、准确性负责，并在托运书上签字、盖章。

2）托运人填写托运书要字迹清晰，不能潦草，不得使用非国家规定的简化字。对所填写的单位、个人或物品等内容应当使用全称。

3）运输条件不同或货物性质不同而不能放在一起运输的货物，应当分别填写托运书。运输条件不同，如动物和普货；运输时效不同，如急救药品和普货。

3. 托运书填写的主要内容

托运货物时，托运人必须填写货物托运书，将其作为填开货物运输单的依据。货物托运书主要包括如下内容：

1）始发站、目的站：填写出发地和到达地的全称。

2）收货人、托运人的姓名、单位名称、地址、邮政编码、电话：填写单位或个人的全称、详细地址、邮政编码、电话。

国内航空货物托运书

现委托你公司运输以下货物，一切有关事项如下：

始发站		目的站		
托运人姓名或单位地址			邮政编码	
托运人地址			联系电话	
收货人姓名或单位地址			邮政编码	
收货人地址			联系电话	
储运注意事项及其他：			声明价值	保险价值

件数	毛重	运价种类	商品代号	计费重量	费率	货物品名（包括包装、体积或尺寸）

说明：1. 托运人应当详细填写本托运书中的各项内容，并对其真实性、准确性负责。 2. 承运人根据本托运书填开的航空货物运输单经托运人签字后，航空运输合同即告成立。 托运人或其代理人 签字（盖章）：_____ 托运人或其代理人 身份证号码：_____	货物运输单号码		
	经手人	*光机检查	
		检查货物	
		计算重量	
		填写标签	
		年　月　日	

注：粗线框内由承运人填写

图 2-2　国内航空货物托运书

3）储运注意事项及其他：根据货物的性质填写保管、运输过程中应注意的事项或其他相关事宜。还应填写货物到达后的提取方式。

4）运输声明价值和保险价值：托运人按货物的实际情况填写，向承运人（或航空公司）申报货物的实际价值。

5）件数和包装材料：填写不同种类货物的实际件数和货物的总数、包装材料。

6）货物的品名及包装：

① 填写货物的具体品名而非表示货物类别的笼统名称，如计算机、电视机等不得填写为电子产品。

② 填写货物的外包装类型。如果该批货物的包装不同，应分别写明数量和包装类型，如纸箱、木箱等。

国内航空货物托运书如图 2-2 所示。

四、货物的收运条件

1）凡是国家法律、法规和有关承运人规定禁止运输的物品，严禁收运。

2）凡是国家法律、法规和有关承运人规定限制运输的物品，必须符合规定的条件并办理相关手续后才能收运。

3）收运的货物包装内部不能夹带危险品、政府禁止运输和限制运输的物品、贵重物品、保密文件、证券等。

4）收运的货物重量、包装、尺寸、标记、储运要求及托运人的付款方式，均应符合有关承运人的机型要求和相关规定。

航空货物运输销售代理接收货物的流程如图 2-3 所示。

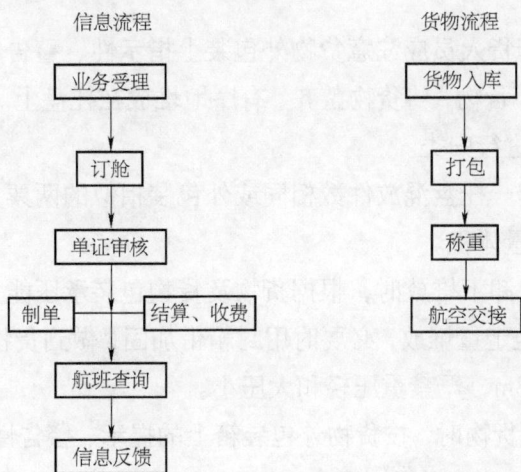

图 2-3　航空货物运输销售代理接收货物的流程

1. 禁止运输的物品

1）国家法令禁止运输的物品，如鼠疫毒菌、霍乱毒菌、马脑脊髓炎病毒、鹦鹉病病毒、危险品等。

2）承运人禁止运输的物品。承运人有权在其经营的任何一条航线上禁运某类货物。

2. 限制运输的物品

限制运输的物品包括：植物及其产品；烟草；家禽、家畜及其产品；枪支、弹药和警械；疫苗、菌苗、抗菌素、血清等生物制品；灵柩等。

第二节
货物的仓储与订舱

一、货物的仓储与理货

1. 收货前的工作准备

仓库人员上班初始，应准备好铲车、货物堆放的托盘、磅秤（对磅秤进行校准）及对货物重新加固包装的材料等，做好收货的准备工作。

2. 卸货作业

1）在卸货物时，卸货人员应注意货物外包装上指示性、警告性标志，严格做到轻搬轻卸，不摔不撞，不损坏货物，将货物整齐、有序地堆放在托盘上。为避免收货记录错误，按货物票数、体积大小进行归类。

2）卸货时，严禁同一托盘混放件数相同或外包装相似的两票货；不同尺寸规格的货物应分开摆放，便于丈量体积。

3）卸货人员将货物卸下堆放时，根据货物及货物包装承压能力和体积大小，整齐、平稳、牢固、层次分明地定量堆放，必要时用封箱带加固，做到货物堆放不倾斜、不倒塌，每板堆高一般不超过 1.8m，严禁重压轻和大压小。

4）卸货人员在堆放货物时，按货物外包装箱上的提示、警告性标志和要求堆放货物，同时应仔细检查外包装、唛头标识情况。

5）卸货人员在堆放货物时，必须将货物整齐堆放在托盘上，唛头一律向外，还应将破损、受潮、变形的货物堆放在托盘显眼处，以便验货识别、清点，当场同客户确认。

6）卸货人员在堆放货物时，应尽可能不使货物超越托盘周边，以方便铲车铲运。

7）在使用铲车卸货时，应将叉子全部插入货物托盘下面，并使货物均匀地放在托盘上，严禁用单个叉尖挑物。

8）当用铲车载货行驶时，应将叉子尽量放低，门架后倾，防止货物摔破。

3. 验货

1）验货人员发现送货单位、唛头标识等内容不明或同送货单不一致的货物，应立即与有关人员进行确认，必要时可把货物堆放在暂存区域，等确认后，再按入库程序进行操作与验收。

2）当发现货物外包装破损、受潮、变形，桶装货物有裂缝、渗漏，以及件数与客户所报不一致时，收货人员应当场同客户确认，并在入库单上记录具体数量。

3）当发现外包装上有危险品标识的货物或不明化学性质的化学物品时，收货人员不得擅自接收，应按有关规定操作，确保所收的货物中不夹带易燃、易爆、易腐及航空禁运的物品。

4. 点数、过磅和体积丈量

1）收货人员应仔细清点和记录货物的件数，记录过磅后的实际毛重，计量单位为千克。每票货物重量不足 1kg 时，按 1kg 计算。

2）收货人员丈量货物外包装的尺寸时，应取最大长度、最大宽度和最大高度，按长×宽×高×件数的顺序记录，并计算其货物外包装的最大体积，体积值应保留小数点后 2 位，计量单位为立方米。

3）如果一批货有几种不同规格，必须按形状大小归类、分批丈量。每千克货物体积超过 $6000cm^3$ 的，为轻泡货物，应在入库单中标识。

4）散装货物过磅如用托盘衬垫，应先过磅托盘，然后用过磅后的总毛重减去托盘毛重则为货物的实际毛重。

5）仓库人员对货物验收后，应按每票货物开具入库单。入库单中记录的内容包括编号、收货日期、送货单位、客户名称、件数、重量、体积、包装类别、外包装状况、目的港、唛头标识等。

6）记录后，做好送货人和收货人签名确认工作。

5. 货物的堆放

1）货物过磅后，应将货物整齐地堆放在仓库划定的区域里。

2）货物堆放时，应整齐有序，垛形统一，纵横成行成列，货物包装上的标志一律朝外排齐，并保持货与货之间及货与库墙之间的距离，便于装卸搬运、收发保管、消防灭火、检查点数。

3）仓库存储的货物应全部放置在托盘或货架上，不准直接放置在水泥地上，以防受潮和霉变。

6. 货物信息的输入和台账登记

1）仓库人员应及时把收货信息输入计算机或登记台账，内容包括客户名、送货单位、目的地、货物名称、件数、重量、体积、进库时间、进库单号、经手人、出库时间、运单号码等相关信息。

2）信息输入台账登记时应按货物入库的先后顺序进行，以方便有关人员对货物情况的查询。

7. 标签的制作和贴挂

1）仓库人员应根据航班安排做好标签制作和贴挂工作，若发现标签数量、目的港、唛头等有疑时，应立即查明原因，然后再制作和贴挂。

2）贴挂标签之前，应仔细核对标签内容、数量和货物是否一致，同时贴挂标签的人员应清除货物上所有与运输无关的标记和标签。确认无误后进行贴挂。标签应牢固贴挂在每件货物外包装的规范位置上，不准将标签贴挂在货物外包装的唛头上和其他重要标记上。

3）一件货物贴挂一张航空公司标签；对于单件货物或体积较大的货物，需要对贴两张或四面贴挂标签。

4）对于裸装、袋装、捆装及不规则包装货物，其标签应用玻璃纸进行牢固粘贴，必要时，还应在包装上写清运单号码和目的港。

5）对于特殊货物运输，还应根据各航空公司的规定，贴挂特种货物标签和操作标签。例如，对于鲜活易腐或不得倾倒的货物，其货物外包装上应贴挂"鲜活易腐"标签或"向上操作"标签。

8. 货物出仓

1）仓库人员根据航班先后和货物交接人员出示的放行运单有计划地安排货物出仓。

2）为方便装板箱环节操作，可安排托盘、重货、大货先出仓，并按同一航班、同一目的港、同一板箱的货物有计划地出仓。

3）出货人员与货物交接人员进行货物出仓交接验收。

9. 仓库的日常管理要求

1）仓库人员严禁在仓库库区内吸烟，严禁非本库人员擅自入库。

2）仓库对于未出运货物的储存期限为两个月，超时后，仓库人员应及时反馈客服通知客户，以便办理延期、提离、放弃等有关手续。

3）仓库人员对货物不得擅自开拆、提取、交付、发运、调换、改装、抵押、留置、转让、更换标志、移作他用或进行其他处置。

4）仓库人员对仓库中的货物应做好防损、防潮、防水、防火、防盗等安全保护工作。

5）在雨季，仓库人员要加强日常巡视，做好货物防护工作，避免货物受损。

6）对货物在作业中引起的外包装受损，要及时做好补救措施。

7）仓库人员认真收集各项业务统计资料，及时输入和登记仓库日、月业务统计数据，做到数字准确，上报及时。

8）每月最后一天，仓库人员应对现存仓库的货物进行盘点。发现货物短少溢余、受潮霉变、残损等情况，必须及时查清原因，并按规定上报，不得隐瞒或任意涂改台账。

9）仓库对货物进行移位，必须及时在台账中修改仓位。

10）仓库人员必须做好一日两次的磅秤校核与记录工作。

11）仓库人员应负责各个环节上记录和凭证的保存工作，并在每月月初将上月的记录和凭证进行装订，妥善保管，存期至少为2年。

12）仓库人员应爱护各种车辆、设备和办公用具，降低消耗和费用，对各种车辆、设备和用具应按规范要求操作、保养。发现故障，及时报请维修，以免影响人身、操作安全和服务质量及工作进度。

13）使用铲车的人员，必须经过培训并持有铲车驾驶执照，方可驾驶。

知识定义 ✈

标签是航空公司对其所承运货物的标识，它是说明货物的货运单号码、件数、重量、始发站、目的站、中转站的一种运输标志。

各航空公司的标签虽然在格式、颜色上有所不同，但内容基本相同。

案例分析

某货运代理公司的仓库收货员，把客户用货车送来的货物卸到托盘上，然后铲运到电子磅秤上过磅，总重310kg减去了托盘重量20kg，即刻输入计算机290kg。但仓库收货员在同送货人员确认时，由于疏忽，又再次减去托盘重量，此票货物在仓库收货单上登记并双方签字确认为270kg。

制单员按计算机中的290kg制作运单并作为计费重量，货物交接员按运单上的信息同航空公司交接。结果航空公司按290kg同该公司结算，客户按仓库收货单上的重量270kg同该公司结算。最后，该公司未赚反亏。

二、订舱

1. 舱位预配

1）根据客户委托书，掌握客户订舱需求和货物信息。

2）严格按各航空公司不同机型对不同板箱的重量、体积的要求，运用科学与经验相结合的方法，最大限度地提高板箱的利用率。

3）将同一出运日期、同一航线、同一航班及同一目的港的货物进行归类，兼顾轻重货的搭配和货物出运的轻重缓急，以及充分利用航空公司的优惠政策，在科学分析的基础上，制订最佳的预配方案。

4）预配应充分考虑各航空公司的运力状况和航线、航班差价及出运货物的属性等因素。

2. 订舱流程

1）订舱人员填制舱位预订信息表，内容包括运单号码、件数、重量、体积、目的港、预订航班及日期等。

2）订舱的内容在舱位预订信息表上登记后，订舱人员向航空公司提交舱位预订信息表直接订舱，作为订舱的书面依据。

3）订舱人员应根据各航空公司舱位确认的不同方式，主动同航空公司进行沟通，及时做好订舱确认工作，确保预订舱位满足要求。

4）当预订舱位不能满足要求或出现舱位取消等情况时，订舱人员应立即同有关各方进行沟通，实施相应的调整及拉货等措施，并尽可能地提供第二方案给客户选择，确定新的出运方案。

5）因客户要求等某种原因使货物无法按时出运时，应取消原预订舱位，并将舱单退给承运的航空公司。

3. 航班跟踪

1）航班跟踪可通过网上查询或到航空公司配载室查询。遇特殊情况，必须尽一切力量协调解决，保证已预订舱位的货物能按时出运，避免人为因素造成拉货等情况的发生。

2）可能出现的意外情况主要有：航空公司临时改机型、飞机出故障、飞机平衡问题、旅客超载致使载货量减少、飞机载油量过多造成溢载、原订为备舱而不能出运、无单或无货等。

3）完成航班跟踪后，应及时做好出运航班情况的记录，对未能准时出运的要及时同客户沟通，保持记录。

知识定义

委托书是货物托运人同货物运输代理人之间关于货物委托出运的书面合同。

委托书的内容主要包括：托运人的名称、地址、联系方式；收货人的名称、地址、联系方式；目的港；货物的品名、数量、重量和体积；预订出运的航班和日期；运费和杂费及付费方式；其他特殊要求。

委托书必须由托运人和货物运输代理人双方授权的经办人签字和单位盖章。

案例分析

　　某客户急于出运一批货物到广州，用于广交会展示和业务洽谈。某货运代理公司接受客户委托后向航空公司预订某月某日到广州的航班。但由于该航班旅客超载涉及飞机平衡，这批货物被航空公司拉下，延迟到次日才出运。

　　由于货运代理公司航班跟踪人员自以为航班出运没有问题，未按公司服务规范对航班进行跟踪，因此未及时发现货物被航空公司拉货的情况。而客户由于未及时收到这批货物，直接影响其在广交会上的业务，于是向货运代理公司投诉并提出索赔。

第三节
国内航空货物运费

一、国内航空货物运费概述

货物运费的构成如图 2-4 所示。

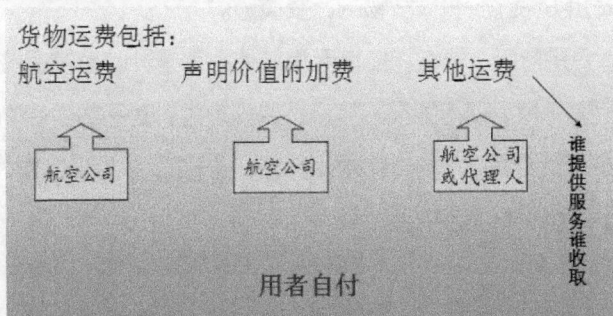

图 2-4　货物主要运费的构成

知识定义

　　货物运费是指在航空货物运输过程中产生的、应向托运人或收货人收取的费用。一般包括航空运费、声明价值附加费、地面运费、运输保险、保管费、包装整修费及政府规定的其他费用、税收等。

货物运费收取的一般规定：

1) 国内航空货物运费一律使用人民币支付，计费单位为"元"，元以下四舍五入。

2）除另有协议外，货物运费可用现金、支票、汇票（接收支票、汇票、信用卡应按财务规定严格审查把关）或信用卡支付。货物收运后，如遇运价调整，货物运费不变。

二、航空运费

航空运费的构成如图 2-5 所示。

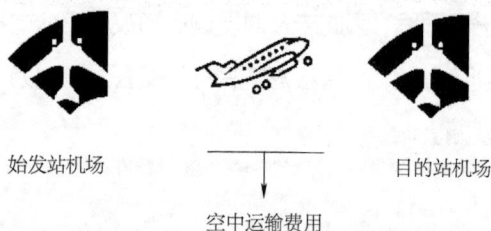

始发站机场　　　　空中运输费用　　　　目的站机场

图 2-5　航空运费的构成

知识定义

　　航空运费（Weight Charge）是指货物自始发站机场至目的站机场的航空运输费用，不包括机场与市区之间、同一城市两个机场之间的地面运输费用及其他费用。

　　航空运费=适用的货物运价×货物的计费重量。

　　最低航空运费是指每一票货物按其毛重或体积重量计收航空运费的最低规定限额，运价类别代码为 M。现行的最低航空运费规定为：对于普通货物，每一份货运单最低运费为 30 元人民币；对于特种货物，每一份货运单最低运费为 50 元人民币（可视各航空公司的具体规定办理）。

航空货物运价分为普通货物运价、直达货物运价、指定商品运价、等级货物运价、分段相加组合运价和协议运价。

航空货物运价的使用顺序如图 2-6 所示。

协议运价 → 直达货物运价 → 分段相加组合运价
指定商品运价 → 等级货物运价 → 普通货物运价

图 2-6　航空货物运价的使用顺序

1. 普通货物运价

普通货物运价是指除指定商品运价及等级货物运价以外的适用于一般普通货物的运

价，包括以下几类：

（1）基础运价（运价类别代码 N）　民航总局统一规定各航段货物的基础运价。基础运价为 45kg 以下的普通货物运价，金额以人民币"角"为单位。

（2）重量分界点运价（运价类别代码 Q）　国内航空货物运价有 45kg 以上、100kg 以上、300kg 以上、500kg 以上等几个较高计费重量分界点上的较低运价。

在有不同重量分界点的普通货物运价中，应注意按照"从低原则"计收航空运费，即当货物计费重量接近下一个重量分界点时，将原适用运价计算出的运费与采用较高重量分界点运价计算出的运费相比，取其低者。

2. 指定商品运价

指定商品运价是指承运人在特定地区或航线上运输特定商品而指定的运价。运价类别代码为 C。对于一些批量大、季节性强、单位价值低的货物，航空公司可申请建立指定商品运价。因为此类运价水平较低，所以在进行运价类别的选用时应优先考虑指定商品运价，除非适用的运价所对应的重量等级太高而使运费较高，才可再考虑普通货物运价或等级货物运价。

指定商品的品名表随航空公司开辟航线范围内运输货物情况的不同而有所不同，以下列举了较有代表性的华东地区（见表 2-1）及海南航空公司的品名表（见表 2-2）。

表 2-1　指定商品品名表（华东地区）

A 类货物	皮鞋、服装、纺织品、副食品
B 类货物	布料、皮革
C 类货物	电子产品、机电产品、配件、计算机、药品、印刷品、仪表仪器、陶瓷、工艺品、烟酒、茶叶、橡胶制品、眼镜、试剂
D 类货物	水产品、冻品
E 类货物	苗鸡、苗鸭、苗鹅、家禽
F 类货物	水果、蔬菜、鲜花、饲料
G 类货物	贝类、种蛋
H 类货物	海关监管货物

表 2-2　指定商品品名表（海南航空公司）

1类	虾、观赏鱼、活鱼、坡马、螃蟹等
2类	各种鱼苗、虾苗、蟹苗等
3类	各种冰虾、冰鱼、冻肉等冷冻产品类
4类	药品、服装、电子产品、茶叶、化妆品、配件、烟草、香烟、保健品等
5类	鱼、山龟、蛙类（养殖）、泥鳅、黄鳝、贝类、海水石等
6类	活鸡、活鸭、小羊、鸽子、兔子、鸡苗、鸭苗等
7类	槟榔、树种籽、鲜花、芦荟和淡水鱼苗等
8类	各种水果（包括圣女果）
9类	各种蔬菜

3. 等级货物运价

等级货物运价是指在普通货物运价的基础上增加（用 S 表示）或减少（用 R 表示）一定百分比而产生的某些特定货物的运价。目前，我国国内货运价格通常按照普货基础运价的 150% 计（N150）。

采取等级货物运价的货物包括急件、生物制品、珍贵植物和植物制品、活体动物、骨灰、灵柩、鲜活易腐物品、贵重物品、枪械、弹药、押运货物等。

4. 直达货物运价

国内公布的直达货物运价的使用顺序如图 2-7 所示。

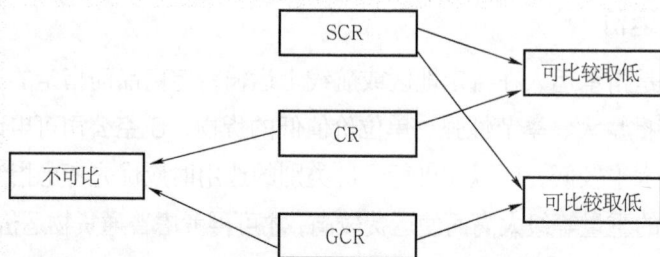

图 2-7 国内公布的直达货物运价的使用顺序

5. 分段相加组合运价

分段相加组合运价是指当货物的始发站至目的站没有公布直达货物运价时，选择适当的运价相加点按分段相加的方法组成的全程最低运价。

使用此种运价时，要选择不同的运价相加点，将构成的全程运价相比较，取低者。采用分段相加组合运价时，不考虑实际运输路线。如果托运人指定运输路线，则分段相加组合运价按指定路线的各航段相加组成全程运价。

6. 协议运价

协议运价是指根据特殊情况，在特定时期、特定航线上，经托运人或其代理人与各承运人通过协商签订协议所执行的运价。通常这类运价也较为优惠，并且仅限于签订协议的当事人之间使用。

7. 集装货物运价

集装货物运价是指以集装箱、集装板作为一个运输单元进行货运销售时使用的货物运价，俗称包箱、包板价。通常此类运价面向货运代理人或一些运输量较大的货主而建立。

三、声明价值附加费

当托运人托运的货物毛重每千克价值超过 100 元人民币时，可以办理货物声明价值手续。办理货物声明价值时，托运人需在托运书及货物运输单的运输声明价值栏内注明一票货物声明价值的金额。不办理声明价值的货物，由托运人在托运书及货物运输单上注明"无"（NVD）；办理了声明价值的货物，托运人应向承运人支付声明价值附加费，如图2-8所示。

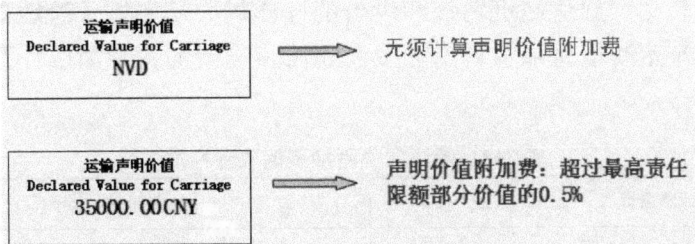

图2-8　声明价值附加费

声明价值附加费的计算公式为

声明价值附加费（以元为单位）=（声明价值-实际毛重×100元/kg）×0.5%

每份货物运输单的货物声明价值不得超过50万元人民币。每一航班所承运的货物声明价值总额不得超过1000万元。若每一批货物的声明价值超过此限额，就不得在同一航班上运输。此时可考虑与承运人协商分别由两个或两个以上航班运输。货物发运前（一般按航班离港前2h算，在此之前为发运前），托运人要求变更声明价值，则按货物退运处理，原声明价值附加费不退。货物发运后（一般以离港前2h算起），声明价值不得变更。

四、其他运费

其他运费是指除了航空运费和声明价值附加费之外的费用。

1. 地面运费

地面运费简称地运费是指使用承运人车辆在机场与市区货运营业处之间、同一城市两个机场之间运送货物的费用。

地面运费以0.20元/kg（一般为0.20元/kg，可视各公司情况而定）乘以计费重量计算，同时按实际使用次数收取。每份货物运输单最低收取地面运费5.00元。

2. 退运手续费

退运手续费是指由于托运人的原因要求办理货物退运而由承运人收取的手续费。国内货物退运手续费，每份货运单收取20.00元。

3. 燃油加价费

受世界原油市场价格的影响，承运人在某一段时期内针对某些航线将收取0.20元/kg的燃油加价费。通常按货物的计费重量计收。

4. 超限货物附加费

托运人托运的货物，对于非宽体飞机，单件重量超过80kg或体积超过

40cm×60cm×100cm；对于宽体飞机，单件重量超过 250kg 或体积超过 100cm×100cm×140cm 的货物称为超限货物。超限货物的收运应考虑飞机货舱门的尺寸、始发站、中转站、到达站机场装卸设备的操作能力及飞机货舱地板承受力的大小等因素，并应按规定收取超限货物附加费。超限货物附加费一律以计费重量计算，其收费标准见表 2-3。

表 2-3　超限货物附加费的收费标准

计费重量/kg	计费标准/（元/件）
81~100	3~5
101~200	10~20
201~300	20~30
>300	30~50

5. 货物保管费

货物保管费是指到达货物超过免费保管期限而收取的超期保管费用。收费标准视各种货物的性质而定，分为以下几类：

（1）普通货物　自货物运输部门发出到货通知的次日起免费保管三天。分批到达的普通货物免费保管期限从通知提取最后一批货物的次日算起。超过免费保管期限的货物，每天每千克收取保管费 0.10 元，保管期不满一天按一天计算。每份货物运输单最低收取保管费 5.00 元。

（2）贵重物品　自到达目的站的次日起，贵重物品按每天每千克 5.00 元收取保管费，保管期不满一天按一天计算。每份货物运输单最低收取保管费 50.00 元。

（3）危险物品　自货物运输部门发出到货通知的次日起免费保管三天，超过免费保管期限后，每天每千克收取保管费 0.50 元，保管期不满一天按一天计算。每份货物运输单最低收取保管费 10.00 元。

（4）冷藏物品　需要冷藏的鲜活易腐、低温、冷冻物品，自航班到达后，免费保管 6h，超过 6h，每天每千克收取保管费 0.50 元，保管期不满一天按一天计算。每份货物运输单最低收取保管费 10.00 元。

各类货物的免费保管期限及收费标准见表 2-4。

表 2-4　各类货物的免费保管期限及收费标准

货物种类	免费保管时间	保管费收取标准	每单最低保管费	备注
普通货物	3天/发出到货通知次日起	0.10 元/（天·kg）	5.00 元	
贵重物品	到货当日	5.00 元/（天·kg）	50.00 元	保管期不满一天按一天计算
危险物品	3天/发出到货通知次日起	0.50 元/（天·kg）	10.00 元	
冷藏物品	6h/航班到达后	0.50 元/（天·kg）	10.00 元	

6. 保险费

托运人自愿办理货物的航空保险，由航空公司代保险公司办理货物保险手续。航空公司参照当地保险公司公布的计算标准，按货物的不同费率收取保险费。一般的计算公式为

保险费=货主的投保额×货物的保险费率

货物的保险费率视货物的易损程度和价值的不同而确定，见表2-5。

表2-5 货物保险费率的确定

类别	保险费率	货物名称
第一类	1‰	一般物资，如机器设备、一般金属材料、电子元器件、发动机、变压器、磁带、10cc以下的针剂、金属桶或听装液体、半液体商品、中西药材等
第二类	4‰	易损货物，如仪器仪表、医疗器械、录像机、电视机、复印机、电冰箱、洗衣机、电风扇、收录机、图书、纸张、服装、皮货、块状粉状物资、2kg以下的瓶装液体、有毒危险品和较易挥发物品等
第三类	8‰	特别易损物资，如各种玻璃制品、陶瓷制品、箱装玻璃、2kg以上的瓶装液体、半液体、显像管、电子管，以及各种灯泡、灯管，特别易损的高度精密仪器仪表及水果和菜类
第四类	12‰	冰鲜易腐物品，一般植物及冻产品、水产品，如冻肉、冻鱼
第五类	20‰	鲜活易腐物品，一般动物，如鱼苗、种蛋、成畜禽、雏畜禽和鲜花或插花等
第六类	30‰	珍奇动物、植物，国家重点保护的珍贵动物和植物及其他珍奇活物

7. 货物运输单费

国内货物运输单的工本费按30.00元/份收取，各航空公司收取与否，做法不一，具体可视情况而定。案例分析见表2-6。

表2-6 案例分析

件数 No.of Pcs 运价点 RCP	毛重 （kg） Gross Weight （kg）	运价 类别 Rate Class	商品 代号 Comm. Item No.	计费重量 （kg） Chargeable Weight （kg）	费率 Rate/kg	航空运费 Weight Charge	货物品名（包括包装、尺寸或体积） Description of Goods （incl. Packing, Dimensions or Volume）
25	125.0	C	E	504.0	6.90	3478.00	苗鸡 55cm×55cm×40cm×25 AVI

预付 Prepaid		到付 Collect		其他费用 Other Charges 燃油加价费 101.00 货物运输单费 30.00 手续费 101.00

3478.00	航空运费 Weight Charge	
38.00	声明价值附加费 Valuation Charge	航程：SHA-SYX
101.00	地面运费 Surface Charge	货物：苗鸡 125kg 55cm×55cm×40cm×25 声明价值：20000.00CNY
232.00	其他费用 Other Charges	投保：5000.00CNY（‰） 其他：市区交货，机场自提
40.00	保险 8‰	燃油：0.2/kg，运单：30.00/单
3889.00	总额（人民币） Total （CNY）	手续：0.2/kg
付款方式 Form of Payment	现金	

五、货物运费计算举例

1. 普通货物运费计算

例2-1：某单位在杭州机场托运一批普货1件共32kg，目的站为广州机场。每件货物的体积为72.5cm×46.3cm×48.7cm，计算货物运费。

已知运价资料如下：
HGH-CAN　N　5.60
45　4.50
100　3.90

解：体积重量=73cm×46cm×49cm/[6000cm³/kg] =27.4kg=27kg。

航空运费=32kg×5.60元/kg=179.20元=179.00元。

无地面运输费及其他费用，所以货物运费为179元，见表2-7。

表2-7　货物运费

件数 No. of Pcs. 运价点 RCP	毛重 （kg） Gross Weight（kg）	运价 类别 Rate Class	商品 代号 Comm. Item No.	计费重量 （kg） Chargeable Weight（kg）	费率 Rate/kg	航空运费 Weight Charge	货物品名（包括包装、尺寸或体积） Description of Goods （incl. Packaging, Dimensions or Volume）
1	32	N		32	5.60	179.00	普货 体积为72.5cm×46.3cm×48.7cm

例2-2：某单位托运一票货物10件共200kg，品名为医用消毒棉纱口罩，运输地点为 TAO—PEK。每件货物的体积为56cm×56cm×62cm。机场交运并提取。请计算货物运费。

已知运价资料如下：
TAO-PEK　N　3.90
45　3.10
100　2.70
300　2.30

解：体积重量=56cm×56cm×62cm×10/[6000cm³/kg]

　　　　　　=324.1kg=324kg

航空运费=324kg×2.30元/kg=745.20元。

无地面运输费及其他费用，所以货物运费为745元，见表2-8。

表2-8　货物运费

件数 No. of Pcs. 运价点 RCP	毛重 （kg） Gross Weight（kg）	运价 类别 Rate Class	商品 代号 Comm. Item No.	计费重量 （kg） Chargeable Weight（kg）	费率 Rate/kg	航空运费 Weight Charge	货物品名（包括包装、尺寸或体积） Description of Goods （incl. Packaging, Dimensions or Volume）
10	200	Q		324	2.30	745.00	医用消毒棉纱口罩 体积为56cm×56cm×62cm×10

例2-3：某国内货主托运一票普通货物1件共37kg，体积为48cm×30cm×38cm，声

明价值为 5500 元，无其他费用。运输地点为 SHA—PEK。计算货物运费。

已知运价资料如下：

SHA-PEK	N	5.90
	45	4.70
	100	4.10
	300	3.50

解：体积重量=48cm×30cm×38cm/[6000cm³/kg]

=9.1kg=9kg。

航空运费：

N 运价：37kg×5.90 元/kg=218.3 元=218.00 元。

Q 运价：45kg ×4.70 元/kg=211.5 元=212.00 元。

声明价值附加费：(5500 元−100 元/kg×37kg) ×0.5%=9.00 元。

无地面运输费及其他费用，所以货物运费为 212.00 元+9.00 元=221.00 元，见表 2-9。

表 2-9　货物运费

件数 No. of Pcs. 运价点 RCP	毛重 （kg） Gross Weight （kg）	运价 类别 Rate Class	商品 代号 Comm. Item No.	计费重量 （kg） Chargeable Weight（kg）	费率 Rate /kg	航空 运费 Weight Charge	货物品名（包括包装、尺寸或体积） Description of Goods （ incl. Packaging, Dimensions or Volume ）
1	37	Q		45	4.70	212.00	普货 体积为 48cm×30cm×38cm

预付 Prepaid		到付 Collect	
212.00	航空运费 Weight Charge		
9.00	声明价值附加费 Valuation Charge		

2. 指定商品运价计算

例 2-4：货物 50 件，毛重共 360kg，品名为服装，体积为 60cm×40cm×20cm，海口至成都，有地面运费，其他费用包括货物运输单费、燃油加价费。计算货物运费。

解：航空运费：

已知运价资料如下：

HAK-CTU	N	7.90
	45	6.30
	100	5.50
	300	4.70
SCR 4 类 100	3.80
	300	3.60
	500	3.40
	1000	3.20

体积重量=60cm×40cm×20cm×50/[6000cm³/kg]

=400kg。

SCR：400kg×3.60 元/kg=1440.00 元。

地面运费：400kg×0.2 元/kg ×2=160.00 元。

货物运输单费：30.00 元。

燃油加价费：400kg×0.2 元/kg =80.00 元。

总额：1710.00 元，见表 2-10。

表 2-10　货物运费

件数 No. of Pcs. 运价点 RCP	毛重 （kg） Gross Weight（kg）	运价 类别 Rate Class	商品 代号 Comm. Item No.	计费重量 （kg） Chargeable Weight（kg）	费率 Rate/ kg	航空运费 Weight Charge	货物品名（包括包装、尺寸或体积） Description of Goods （incl. Packaging, Dimensions or Volume）
50	360	C	4	400	3.60	1440.00	服装 体积为 60cm×40cm×20cm×50

预付　Prepaid	到付　Collect	其他费用　Other Charges 货物运输单费 30.00　燃油加价费 80.00

1440.00	航空运费 Weight Charge		本人郑重声明：此航空货物运输单上所填货物品名和货物运输声明价值与实际交运货物品名和货物实际价值完全一致。并对所填航空货物运输单和所提供的与运输有关文件的真实性和准确性负责。 Shipper certifies that description of goods and declared value for carriage on the face hereof are consistent with actual description of goods and actual value of goods and that particulars on the face hereof are correct.
	声明价值附加费 Valuation Charge		
160.00	地面运费 Surface Charge		
110.00	其他费用 Other Charges		托运人或其代理人签字、盖章 Signature of Shipper or His Agent＿＿＿＿＿
1710.00	总额（人民币） Total（CNY）		填开日期　　填开地点　　填开人或其代理人 　　　　　　　　　　　　签字、盖章 Executed on（Date）　At（Place）　Signature of Issuing Carrier or Its Agent

例 2-5：货物 5 件，毛重共 36kg，品名为服装，体积为 60cm×40cm×20cm，海口至成都，有地面运费，其他费用包括货物运输单费、燃油加价费。计算货物运费。

解：航空运费：

体积重量=60cm×40cm×20cm×5/[6000cm³/kg]

　　　　=40kg。

SCR：100kg×3.80 元/kg=380.00 元。

GCR：45kg×6.30 元/kg =283.5 元=284.00 元。

　　　40kg×7.90 元/kg =316.00 元。

地面运费：45kg×0.2 元/kg×2=18.00 元。

货物运输单费：30.00 元。

燃油加价费：45kg×0.2 元/kg =9.00 元。

总额：341.00 元，见表 2-11。

已知运价资料如下：

HAK-CTU	N	7.90
	45	6.30
	100	5.50
	300	4.70
SCR 4 类	100	3.80
	300	3.60
	500	3.40
	1000	3.20

表 2-11　货物运费

件数 No. of Pcs. 运价点 RCP	毛重 （kg） Gross Weight （kg）	运价 类别 Rate Class	商品 代号 Comm. Item No.	计费重量 （kg） Chargeable Weight（kg）	费率 Rate/ kg	航空运费 Weight Charge	货物品名（包括包装、尺寸或体积） Description of Goods （incl. Packaging, Dimensions or Volume）
5	36	Q		45	6.30	284.00	服装 体积为 60cm×40cm×20cm×5

预付 Prepaid		到付 Collect	其他费用 Other Charges 货物运输单费 30.00　燃油加价费 9.00
284.00	航空运费 Weight Charge		本人郑重声明：此航空货物运输单上所填货物品名和货物运输声明价值与实际交运货物品名和货物实际价值完全一致。并对所填航空货物运输单和所提供的与运输有关文件的真实性和准确性负责。 Shipper certifies that description of goods and declared value for carriage on the face hereof are consistent with actual description of goods and actual value of goods and that particulars on the face hereof are correct.
	声明价值附加费 Valuation Charge		
18.00	地面运费 Surface Charge		
39.00	其他费用 Other Charges		托运人或其代理人签字、盖章 Signature of Shipper or His Agent_____
341.00	总额（人民币） Total（CNY）		填开日期　　　填开地点　　　填开人或其代理人 　　　　　　　　　　　　　　　　签字、盖章 Executed on （Date）　At（Place）　Signature of Issuing Carrier or Its Agent

3. 等级货物运价计算

例 2-6：某国内货主托运钻石 2 箱，毛重共 20.35kg，体积为 35cm×46cm×46cm，运输地点为 TAO—KMG，不计其他费用。请计算货物运费。

解：航空运费：

体积重量=35cm×46cm×46cm×2/[6000cm^3/kg]=24.7kg
　　　　=25.00kg。

计费重量=25.00kg。

适用的运价：N150=10 元/kg×150%=15.0 元/kg。

航空运费=25kg×15.0 元/kg =375.00 元，见表2-12。

已知运价资料如下：		
TAO-KMG N		10.0
	45	8.00
	100	7.00
	300	6.00

表 2-12　货物运费

件数 No. of Pcs. 运价点 RCP	毛重 （kg） Gross Weight （kg）	运价 类别 Rate Class	商品 代号 Comm. Item No.	计费重量 （kg） Chargeable Weight（kg）	费率 Rate/ kg	航空运费 Weight Charge	货物品名(包括包装、尺寸或体积) Description of Goods （incl. Packaging, Dimensions or Volume）
2	20.4	S	N150	25	15.00	375.00	钻石贵重物品 体积为 35cm×46cm×46cm×2

例 2-7：某国内货主托运急件一箱共 3kg，体积为 30cm×40cm×20cm，运输地点为 SHA—WNZ，不计其他费用，请计算货物运费。

> 已知运价资料如下：
> SHA-WNZ N   4.10
>   45   3.00

解：航空运费：

体积重量=30cm×40cm×20cm/[6000cm³/kg]=4kg。

计费重量=4kg。

适用的运价：N150=4.10 元/kg×150%=6.15 元/kg=6.20 元/kg。

航空运费=4kg×6.20 元/kg=24.80 元=25.00 元。

最低运费=50.00 元，见表 2-13。

表 2-13 货物运费

件数 No. of Pcs. 运价点 RCP	毛重 （kg） Gross Weight（kg）	运价 类别 Rate Class	商品 代号 Comm. Item No.	计费重量 （kg） Chargeable Weight（kg）	费率 Rate/ kg	航空运费 Weight Charge	货物品名（包括包装、尺寸或体积） Description of Goods （incl. Packaging, Dimensions or Volume）
1	3	S	M150	4	50.00	50.00	急件 体积为 30cm×40cm×20cm

例 2-8：某国内货主托运活动物狗 2 只，装入 1 个容器总重 33kg，体积为 60cm×60cm×50cm，运输地点为 SHA—WNZ，不计其他费用，请计算货物运费。

> 已知运价资料如下：
> SHA-WNZ N   4.10
>   45   3.00

解：航空运费：

体积重量=60cm×60cm×50cm/[6000cm³/kg]=30kg。

计费重量=33kg。

适用的运价：N150=4.10 元/kg×150%=6.15 元/kg =6.20 元/kg。

航空运费=33kg×6.20 元/kg=204.60 元=205.00 元，见表 2-14。

表 2-14 货物运费

件数 No. of Pcs. 运价点 RCP	毛重 （kg） Gross Weight（kg）	运价 类别 Rate Class	商品 代号 Comm. Item No.	计费重量 （kg） Chargeable Weight（kg）	费率 Rate /kg	航空运费 Weight Charge	货物品名（包括包装、尺寸或体积） Description of Goods （incl. Packaging, Dimensions or Volume）
1	33	S	N150	33	6.20	205.00	狗 活动物 体积 60cm×60cm×50cm

4. 货物运价综合计算

例 2-9：某国内货主托运一票货物，品名为时装帽，包装为纸箱，10 件共 320kg，体积为 80cm×90cm×100cm，声明价值 80000.00 元，投保价值 50000.00 元，保险费率为 4‰，有地面运费，货物运输单费 30.00 元，有燃料加价费，市内交运并提取，运输地点为 TAO—DLC，无其他费用，计算该收费用。

解：航空运费：

体积重量=80cm×90cm×100cm×10/[6000cm³/kg] =1200kg。

计费重量=1200kg。

航空运费=1200kg×1.60元/kg=1920.00元。

声明价值附加费：（80000.00元−100元/kg×320kg）× 0.5%=240.00元。

保险手续费：50000.00×4‰=200.00元。

地面运费：1200kg×0.2元/kg×2=480.00元。

货物运输单费：30.00元。

燃油加价费：1200kg×0.2元/kg =240.00元。

总额：3110.00元，见表2-15。

已知运价资料如下：

TAO-DLC	N	2.70
	45	2.20
	100	1.90
	300	1.60

表2-15 货物运费

件数 No. of Pcs. 运价点 RCP	毛重（kg） Gross Weight（kg）	运价类别 Rate Class	商品代号 Comm. Item No.	计费重量（kg） Chargeable Weight（kg）	费率 Rate/kg	航空运费 Weight Charge	货物品名（包括包装、尺寸或体积） Description of Goods（incl. Packaging, Dimensions or Volume）
10	320	Q		1200	1.60	1920.00	时装帽，包装为纸箱 体积为80cm×90cm×100cm×10

预付 Prepaid	到付 Collect	其他费用 Other Charges 货物运输单费 30.00 燃油加价费 240.00
1920.00 航空运费 Weight Charge		本人郑重声明：此航空货物运输单上所填货物品名和货物运输声明价值与实际交运货物品名和货物实际价值完全一致。并对所填航空货物运输单和所提供的与运输有关文件的真实性和准确性负责。 Shipper certifies that description of goods and declared value for carriage on the face hereof are consistent with actual description of goods and actual value of goods and that particulars on the face hereof are correct. 托运人或其代理人签字、盖章 Signature of Shipper or His Agent＿＿＿＿
240.00 声明价值附加费 Valuation Charge		
480.00 地面运费 Surface Charge		
270.00 其他费用 Other Charges		
200.00 保险费率 4‰		填开日期　　填开地点　　填开人或其代理人签字、盖章 Executed on（Date）At（Place）Signature of Issuing Carrier or Its Agent
3110.00 总额（人民币）Total（CNY）		

例2-10：一票货物为5件共6kg，有价证券，由SHA运至HRB，于5月5日运至目的地，货物运输部门及时发出到货通知，收货人于5月8日提取货物，请计算应收取多少保管费？

解：贵重物品到达当天免费保管，次日起收取每天每千克5.00元，最低收取50.00

元/单。

6kg×3 天×5.00 元/（天·kg）=90.00 元。

所以，应收取保管费 90.00 元。

例 2-11：某国内货主托运一票新鲜水果 5 箱共 50kg，于 4 月 30 日 9:00 到达上海机场。收货人于 5 月 2 日 12:00 到机场提取。是否需要收取保管费？若需要，应收多少？

解：鲜活易腐货免费保管 6h，不满一天按一天算，所以，按实际保管 3 天计算保管费。

50kg×3 天×0.50 元/（天·kg）=75.00 元。

所以，收取保管费 75.00 元。

第四节
航空货物运输单

航空货物运输单（简称货运单）是指托运人填制或托运人委托承运人填制的，托运人和承运人之间为在承运人的航班上承运货物所订立合同的初步证据，也是计收货物运费的财务票证。

一、航空货物运输单的填写责任

航空货物运输单应当由托运人填写，连同货物交给承运人。如果承运人依据托运人提供的托运书填写航空货物运输单并经托运人签字，则该货物运输单应当视为代托运人填写。托运人应当对航空货物运输单上所填关于货物的说明或声明的正确性与准确性负责。托运人填交的货物托运书经承运人接受并填制航空货物运输单后，承运人和托运人之间的航空运输合同即告确立。

二、航空货物运输单使用的一般规定

航空货物运输单应按编号顺序使用，不得越号。

航空货物运输单一般应使用计算机打制，如需人工填写时，应使用圆珠笔书写。字迹清楚、准确。填制航空货物运输单时，不得任意简化或省略。

航空货物运输单填制后，由托运人进行复核、签字，以保证各项内容正确无误。经双方签字的航空货物运输单由承运人盖章后生效。

航空货物运输单的印刷、发放一般由航空公司的财务结算中心负责统一印制和管理，航空货物运输单使用部门应向其申请领取。航空货物运输单应由专人妥善保管和销号。货物运输部门要定期检查航空货物运输单的使用情况。

　　航空货物运输单必须正确、清楚地填写。如果涉及收货人名称、运费合计等栏目的内容填写错误，而且无法在旁边书写清楚时，应当重新填制新的航空货物运输单。需要修改的内容，不得在原字上描改，而应将错误处划去，在旁边空白处书写正确的文字或数字，并在修改处加盖戳印。航空货物运输单一般只修改一次，修改不得超过三处，若再发生填写错误，应另填制新的航空货物运输单。也有一些航空公司规定，航空货物运输单不得转让、涂改。转让、涂改的航空货物运输单无效。作废的航空货物运输单，应加盖"作废"的戳印，并将全部八联随同销售日报一起送交财务部门注销。

　　每张航空货物运输单的声明价值一般不超过 50 万元人民币。

三、航空货物运输单的构成及各联的用途

　　航空货物运输单一式八联。其中，正本三联，副本五联。三联正本具有同等法律效力。承运人可根据需要增加副本。航空货物运输单的承运人联应当自填开航空货物运输单次日起保存两年。

　　航空货物运输单的具体构成及各联的用途见表 2-16。

表 2-16　航空货物运输单的具体构成及各联的用途

各联顺序	联号	联别	颜色	联名	用途
第一联	甲联	正本 3	蓝色	托运人联	作为托运人支付货物运费、承运人承运货物的凭证
第二联	乙联	正本 1	绿色	开票人财务联	作为计账凭证送交财务部门
第三联	丙联	副本 7	粉红色	第一承运人联	第一承运人留交其财务部门作为结算凭证
第四联	丁联	正本 2	黄色	收货人联	在目的站交收货人
第五联	戊联	副本 4	白色	货物交付联	收货人提取货物时在此联签字，由承运人留存
第六联	己联	副本 5	白色	目的站联	由目的站机场留存。也可作为第三承运人联，由第三承运人留交其财务部门作为结算凭证
第七联	庚联	副本 6	白色	第二承运人联	由第二承运人留交其财务部门作为结算凭证
第八联	辛联	副本 8	白色	代理人联/承运人开票存根联	由航空货物运输单填制人留存备查

　　以上第一联、第二联、第七联和第八联一般在填开航空货物运输单并收清了相关费用后同时撕下，并分发及保存。

四、航空货物运输单的填写方法

　　国内航空货物运输单如图 2-9 所示。其中，标号见航空货物运输单样本。

国内航空货物运输单

777-12345675   XX-12345675

始发站[1] Airport of Departure		目的站[2] Airport of Destination		不得转让 NOT NEGOTIABLE 航空货物运输单　　　航空公司中文名称 AIR WAYBILL　航徽　英文名称		
托运人姓名、地址、邮编、电话号码[3] Shipper's Name, Address, Postcode & Telephone No.				印发人 Issued by　　　　　地址、邮编		
				航空货物运输单一、二、三联为正本，并具有同等法律效力 Copies 1,2 and 3 of this Air Waybill are originals and have the same validity		
收货人姓名、地址、邮编、电话号码[4] Consignee's Name, Address, Postcode & Telephone No.				结算注意事项 Accounting Information[22]		
				填开货运单的代理人名称 Issuing Carrier's Agent Name[23]		
航线[5] Routing	到达站 To 5A	第一承运人 By First Carrier 5B		到达站 To 5C	承运人 By 5D	到达站 To 5E　承运人 By 5F
航班/日期[6A] Flight/Date		航班/日期[6B] Flight/Date		运输声明价值[7] Declared Value for Carriage		运输保险价值[8] Amount of Insurance

储运注意事项及其他 Handing Information and Others[9]

件数 No.of Pcs. 运价点 RCP	毛重（kg） Gross Weight （kg）	运价种类 Rate Class	商品代号 Comm. Item No.	计费重量 （kg） Chargeable Weight （kg）	费率 Rate /kg	航空运费 Weight Charge	货物品名（包括包装、尺寸或体积） Description of Goods（incl.Packaging,Dimensions or Volume）
[10]	[11]	[12]	[13]	[14]	[15]	[16]	[17]
[10A]	[11A]					[16A]	

预付 Prepaid[18]		到付 Collect[21]	其他费用 Other Charges [20]
[18A]	航空运费 Weight Charge	[21A]	本人郑重声明：
[18B]	声明价值附加费 Valuation Charge	[21B]	
[18C]	地面运费 Surface Charge	[21C]	托运人或其代理人签字、盖章 Signature of Shipper or His Agent[27]
[18D]	其他费用 Other Charges	[21D]	
[18E]	总额（人民币） Total（CNY）	[21E]	[28A]　[28B]　[28C] 填开日期　填开地点　填开人或其代理人签字、盖章 Executed on（Date）At（Place）Signature of Issuing Carrier of Its Agent
付款方式[19] Form of Payment			

图 2-9　国内航空货物运输单

[1]始发站

填写货物始发站机场所在城市的名称，地名应写全称，不得简写或使用代码。

[2]目的站

填写货物目的站机场所在城市的名称，地名应写全称，不得简写或使用代码。

[3]托运人姓名、地址、邮编、电话号码

填写托运人全名，托运人姓名应与其有效身份证件相符。地址、邮编和电话号码要清楚准确。

[4]收货人姓名、地址、邮编、电话号码

填写与收货人有效身份证件相符的姓名、地址、邮编和电话号码，要清楚准确。此栏只能填写一个收货人，要求内容详细。

[5]航线

5A　到达站（第一承运人运达站）：填写目的站机场或第一中转站机场的三字代码。

5B　第一承运人：填写自始发站承运货物的承运人的两字代码。

5C　到达站（第二承运人运达站）：填写目的站机场或第二中转站机场的三字代码。

5D　承运人：填写第二承运人的两字代码。

5E　到达站（第三承运人运达站）：填写目的站机场或第三中转站机场的三字代码。

5F　承运人：填写第三承运人的两字代码。

[6]航班/日期

6A　航班/日期（始发航班）：填写已订妥的航班日期。

6B　航班/日期（续程航班）：填写已订妥的续程航班日期。

[7]运输声明价值

填写托运人向承运人声明的货物价值。托运人未声明价值时必须填写"无"字样。

[8]运输保险价值

托运人通过承运人向保险公司投保的货物价值。已办理声明价值的此栏不填写。

[9]储运注意事项及其他

填写货物在保管运输过程中应注意的事项或其他有关事宜，不得填写超出航空公司储运条件的内容。

[10]件数/运价点

填写货物的件数。如果货物运价种类不同时，应分别填写总件数，填在 10A 栏中。如果运价是分段相加组成的，将运价组成点的城市代码填入本栏。

[11]毛重

在与货物件数相对称的同一行处，填写货物毛重。

[12]运价种类

可选择下列代号代替所采用的运价类别：

M：最低运费。

N：45 kg 以下普通货物基础运价。

Q：45 kg 以上普通货物运价。

C：指定商品运价。

S：等级货物运价。

[13]商品代号

应根据下列两种情况分别填写：

1）如果在[12]内填入指定商品运价代号"C"，则在本栏内填写指定商品代号。此处应根据各地区公布的运价中确定的指定商品代号进行填写。

2）如果在[12]内填入等级货物运价代号"S"，本栏内应填写适用的普通货物运价的百分比数，如 Q150。

[14]计费重量

1）如果按体积计得的重量大于实际毛重，应将体积计费重量填入本栏。

2）采用较低的运价和较高的计费重量分界点所得的运费低于采用较高的运价和较低的计费重量分界点的运费，则可将较高计费重量分界点填入本栏。

[15]费率

填写货物起讫点之间适用的每千克运价。

[16]航空运费

填写根据费率和计费重量计算出的货物航空运费额。如果分别填写时，将总数填在最下边的 16A 栏中。

[17]货物品名（包括包装、尺寸或体积）

填写货物的外包装类型。如果该批货物包装不同，应分别写明数量和包装类型，如纸箱、铁桶、木箱等。填写货物的名称、每件货物的尺寸和总体积，货物名称应当具体、准确，不得填写表示货物类别的统称或品牌。例如，电视机等不能填写成电子产品；心电图等不能填写仪器、仪表。私人物品必须详列内容。

[18]预付

18A　航空运费：填写预付的 16 或 16A 栏中的运费总数。

18B　声明价值附加费：填写按规定收取的货物声明价值附加费。

18C　地面运费：填写根据地面运费费率和计费重量计算出的货物地面运费总额。

18D　其他费用：填写 20 栏中各项费用的总数。

18E 总额：填写 18A～18D 的总数。

[19]付款方式

填写托运人支付各项费用的方式，如现金、支票等。

[20]其他费用

填写除航空运费、声明价值附加费和地面运费以外的根据规定收取的其他费用。

[21]到付

目前，国内航空货物运输暂不办理运费到付业务。

21A 航空运费：填写到付的 16 或 16A 栏中运费总数。

21B 声明价值附加费：填写按规定收取的货物声明价值附加费。

21C 地面运费：填写根据地面运费费率和计费重量计算出的货物地面运费总额。

21D 其他费用：填写 20 栏各项费用的总数。

21E 总额：填写 21A～21D 的总数。

[22]结算注意事项

填写有关结算的事项，如有关运价协议号码、销售运价文件号码、特别运价通知、代理人或销售单位编码。

[23]填开货运单的代理人名称

填写填制航空货物运输单的代理人名称。

[24]收货人签字日期

副本 4 由收货人签字及填写货物提取日期。

[25]收货人有效身份证件及号码

副本 4 填写收货人的有效身份证件类型及号码。

[26]交付人签字、日期

副本 4 由交付货物的经办人签字及填写货物交付日期。

[27]托运人或其代理人签字、盖章

由托运人或其代理人签字、盖章。

[28]填开人或其代理人签字、盖章

28A 填开日期：航空货物运输单的填开日期。

28B 填开地点：航空货物运输单的填开地点。

28C 填开人或其代理人签字、盖章：航空货物运输单的承运人或其代理人在此栏签字、盖章。

五、国内航空货物运输单条款（背书）

国内航空货物运输单条款（背书）示例如下：

关于承运人责任限额的声明

货物在国内运输过程中因承运人原因发生损失（包括丢失、短少、变质、污染、损坏，以下同），承运人最高赔偿限额为毛重每千克 20 元人民币。托运人已向承运人办理货物声明价值并交付声明价值附加费的，该声明价值为最高赔偿限额；承运人能够证明货物的实际损失低于声明价值的，按实际损失赔偿。由于承运人的原因，货物延误造成的损失，承运人应当承担赔偿责任，但每延误 1 天的赔偿额不超过该票货物实付运费的 5%，赔偿总额以全部运费为限。

契约条件

1. 本契约条件中的承运人是指包括接受托运人填开航空货物运输单或保存货物记录的航空承运人，和运送或从事承运货物或提供该运输的任何其他服务的所有航空承运人。国内运输是指根据货物运输合同，其出发地点、约定的经停地点和目的地均在中华人民共和国境内的运输。

2. 承运人提供的运输及托运人和收货人的行为，必须遵守：

1)《中华人民共和国民用航空法》和《中国民用航空货物国内运输规则》及其他适用的法律、法规、政府规定、命令或要求。

2)《航空股份公司货物国内运输总条件》。

3）本契约条件。

4）承运人的其他规定。

3. 托运人托运货物应填开航空货物运输单，托运人对航空货物运输单上所填各项内容的真实性和准确性负责。承运人依据托运人提供的货物托运书填开航空货物运输单并经托运人签字，视为代托运人填开。因托运人提供的货物说明不真实或不准确而给承运人或第三人造成的所有损失，由托运人负责。必要时，托运人应提供与托运货物有关的资料和文件，并对其真实性和准确性负责，承运人没有必须对这些资料和文件检查的义务。

4. 托运人应保证不在货物包装内夹带危险物品、政府禁止运输和限制运输的物品、贵重物品、保密文件和资料。

5. 托运人托运的货物，毛重每千克超过 20 元人民币，可以办理货物声明价值并按规定支付声明价值附加费。不办理声明价值的货物，由托运人在航空货物运输单上注明。

6. 无论货物是否损失或是否运抵运输契约中指定的目的站，托运人托运货物时或收货人提取货物前，应按填开航空货物运输单当日承运人公布的有效运价支付航空运费及其他承运人因承运该货物而产生的所有费用。

7. 承运人按照合理、快捷的原则运输货物，但不承担用特定的飞机或经过特定的一条或几条航线进行运输，或者用特定的航班在任何一个地方衔接货物续运的义务。由于不可抗力原因，承运人可以在不预先通知的情况下，取消、变更、推迟、提前或终止全部或部分货物运输。为了尽早将货物运达目的站，必要时承运人可以在不预先通知的情况下，将货物转交其他承运人或采用其他运输方式运输全部或部分货物至目的站。

8. 托运人可以依据法律、法规或运输条件的规定，对货物行使变更权，并支付承运人在履行其变更要求时产生的所有费用。

9. 货物运至目的站后，除另有约定外，承运人应及时向收货人发出到货通知。货物应交付给航空货物运输单上的收货人，收货人逾期提取货物，应按规定支付保管费。自承运人发出第一次到货通知次日起满 60 日无人提取货物或收货人拒绝提取货物，托运人也未提出处理意见时，承运人按无法交付货物处理。

10. 收货人提取货物并在航空货物运输单上签字而未提出异议，则被视为是货物已按运输合同规定完好交付的初步证据。承运人按照适用的法律、政府规定或命令将货物移交国家主管机关或部门，应视为完成交付。收货人提取货物时发现货物有丢失、短少、污染、变质、损坏或延误到达等情况，应当场向承运人提出异议，由承运人按规定填写货物运输事故记录，并由双方签字或盖章。

11. 承运人从货物收运时起，到交付时止，承担安全运输的责任。在货物运输期间发生的货物损失，承运人应承担责任，但国家法律、法规、政府规定、命令或要求及本条件另有规定的除外。对下列原因造成的货物损失，承运人不承担责任：

1）战争、武装冲突、政府行为、自然灾害及其他不可抗拒的原因。

2）货物本身的自然属性、缺陷或货物性质不适合运输过程中发生的气温、气压变化或运输时限而引起的货物损坏或变质。

3）包装方法或容器不良。

4）包装完好、封志无异状，内件短少或损坏。

5）货物的合理损耗。根据本契约条件免除或限制承运人的责任时，也适用于承运人的代理人、受雇人或代表，也适用于进行运输所使用的飞机或其他运输工具所属的任何承运人，因货物损失或延误等造成的间接损失，承运人不承担责任。

12. 如果发生货物部分损失或延误，确定承运人的责任限额时，应以有关包装件的重量为限。当托运货物中的任何物件的损失或延误影响到同一份航空货物运输单上其他包装件的价值，在确定赔偿责任时，应考虑其他包装件的重量。在没有相反的证据时，损失或延误部分的货物价值在全部货物总价值中的比例，按损失或延误部分的货物重量在全部货物总重量中的比例确定。

13. 由几个承运人根据一份航空货物运输单进行的货物运输被视为一个单一的运输过程。每一承运人就其根据运输合同承担的运输区段作为运输合同的订约一方。

14. 因货物损失或延误发生异议，航空货物运输单上的托运人或收货人应在下列期限内以书面形式向承运人提出：

1）提货时发现货物有明显损失或部分丢失应自收到货物之日起 14 日内提出。

2）延误运输的货物自货物处置权交给指定收货人之日起 21 日内提出。

3）收货人提不到货物，自航空货物运输单填开之日起 120 日内提出。

15. 航空运输纠纷的诉讼时效期间为两年，自飞机到达目的地、应当到达目的地或运输终止之日起计算。

16. 投保航空运输险的货物，在运输过程中发生损失，由保险公司按照有关规定赔偿。

17. 航空公司有权依照中国民用航空局规定的程序，不经预先通知即修改本契约中的任何条款。但此修改不适用于修改前已经开始的运输。航空公司的代理人、受雇人或代表无权改动、修改或放弃本契约中的任何条款。

六、国内航空货物运输单的作用

航空货物运输单是货物托运人和承运人（或其代理人）所使用的最重要的运输文件，其作用归纳如下：

1）承运人和托运人缔结运输契约的初步证据。

2）承运人收运货物的证明文件。

3）托运人支付运费的凭证。

4）保险证明，如托运人要求承运人代办保险。

5）供承运人发运交付和联运的单证、路单。

6）承运人之间的运费结算凭证。

7）货物储运过程中的操作指引。

七、国内航空货物运输单示例

国内航空货物运输单示例如图 2-10～图 2-13 所示。

国内航空货物运输单示例1

777-12345675				XX -12345675			
始发站 Airport of Departure		目的站 Airport of Destination		不得转让 NOT NEGOTIABLE 航空货物运输单 AIR WAYBILL　　　　航空公司的名称及标志			
托运人姓名、地址、邮编、电话号码 Shipper's Name, Address, Postcode & Telephone No.				印发人 Issued by　　　　　地址、邮编			
				航空货运单一、二、三联为正本，并具有同等法律效力 Copies 1,2and 3 of this Air Waybill are originals and have the same validity			
收货人姓名、地址、邮编、电话号码 Consignee's Name, Address, Postcode &Telephone No.				结算注意事项　Accounting Information			
				填开货运单的代理人名称 Issuing Carrier's Agent Name			
航线 Routing	到达站 To	第一承运人 By First Carrier		到达站 To	承运人 By	到达站 To	承运人 By
航班/日期 Flight/Date		航班/日期 Flight/Date		运输声明价值 Declared Value for Carriage		运输保险价值 Amount of Insurance	
储运注意事项及其他 Handling Information and Others							

件数 No. of Pcs. 运价点 RCP	毛重 （kg） Gross Weight （kg）	运价 类别 Rate Class	商品 代号 Comm. Item No.	计费重量 （kg） Chargeable Weight（kg）	费率 Rate/ kg	航空运费 Weight Charge	货物品名（包括包装、尺寸或体积） Description of Goods （incl. Packaging, Dimensions or Volume）

预付 Prepaid		到付 Collect		其他费用 Other Charges
航空运费 Weight Charge				本人郑重声明：此航空货物运输单上所填货物品名和货物运输声明价值与实际交运货物品名和货物实际价值完全一致。并对所填航空货物运输单和所提供的与运输有关文件的真实性和准确性负责。 Shipper certifies that description of goods and declared value for carriage on the face hereof are consistent with actual description of goods and actual value of goods and that particulars on the face hereof are correct.
声明价值附加费 Valuation Charge				
地面运费 Surface Charge				
其他费用 Other Charges				托运人或其代理人签字、盖章 Signature of Shipper or His Agent_____
总额（人民币） Total（CNY）				填开日期　　　　填开地点　　　　填开人或其代理人签字、盖章 Executed on（Date）At（Place）　Signature of Issuing Carrier or Its Agent

甲联	正本 3	托运人联	XX-1234567 5

图 2-10　国内航空货物运输单示例1

国内航空货物运输单示例2

781-1234567　5　　　　　　　　　　　　　　　781-1234567　5

始发站 Airport of Departure	青岛	目的站 Airport of Destination	大连	不得转让 NOT NEGOTIABLE 航空货物运输单 AIR WAYBILL 印发人 Issued by		
托运人姓名、地址、邮编、电话号码 Shipper's Name, Address, Postcode & Telephone No. 略				航空公司的名称及标志 地址、邮编 航空货物运输单一、二、三联为正本，并具有同等法律效力 Copies 1,2and 3 of this Air Waybill are originals and have the same validity		
收货人姓名、地址、邮编、电话号码 Consignee's Name, Address, Postcode & Telephone No. 略				结算注意事项　Accounting Information 填开货运单的代理人名称 Issuing Carrier's Agent Name		

航线 Routing	到达站 To DLC	第一承运人 By First Carrier MU	到达站 To	承运人 By	到达站 To	承运人 By
航班/日期 Flight/Date		航班/日期 Flight/Date	运输声明价值 Declared Value for Carriage 80000.00		运输保险价值 Amount of Insurance 无	

储运注意事项及其他　Handling Information and Others
货物标记：T-ML25APR　　注意防潮

件数 No. of Pcs. 运价点 RCP	毛重 （kg） Gross Weight （kg）	运价 类别 Rate Class	商品 代号 Comm. Item No.	计费重量 （kg） Chargeable Weight（kg）	费率 Rate/ kg	航空运费 Weight Charge	货物品名（包括包装、尺寸或体积） Description of Goods （incl. Packaging, Dimensions or Volume）
10	320	Q		1200	1.60	1920.00	时装帽，纸箱 体积：80cm×90cm×100cm×10

预付 Prepaid		到付 Collect		其他费用 Other Charges 货物运单费30.00　　燃油加价费240.00		
1920.00	航空运费 Weight Charge			本人郑重声明：此航空货物运输单上所填货物品名和货物运输声明价值与实际交运货物品名和货物实际价值完全一致。并对所填航空货物运输单和所提供的与运输有关文件的真实性和准确性负责。 Shipper certifies that description of goods and declared value for carriage on the face hereof are consistent with actual description of goods and actual value of goods and that particulars on the face hereof are correct.		
368.00	声明价值附加费 Valuation Charge					
480.00	地面运费 Surface Charge					
270.00	其他费用 Other Charges			托运人或其代理人签字、盖章　　　　　百变小樱 Signature of Shipper or His Agent		
	保费率			填开日期　　　填开地点　　　填开人或其代理人 　　　　　　　　　　　　　　　　签字、盖章 Executed on（Date）At（Place）Signature of Issuing 　　　　　　　　　　　　　　　Carrier or Its Agent		
3038.00	总额（人民币） Total（CNY）			10MAR　　　TAO　　ABC货物运输代理公司 汉斯		

图2-11　国内航空货物运输单示例2

国内航空货物运输单示例3

781-1234567　5 　　　　　　　　　　　　　　　　　781-1234567　5

始发站 Airport of Departure	北京	目的站 Airport of Destination	成都	不得转让 NOT NEGOTIABLE 航空货物运输单　　　　航空公司的中文名称 AIR WAYBILL　航徽　英文名称

托运人姓名、地址、邮编、电话号码 Shipper's Name, Address, Postcode & Telephone No. 北京××食品厂 北京市××区××路××号 邮政编码：100002　电话号码：××××××××	印发人 Issued by　　　　　地址、邮编
	航空货物运输单一、二、三联为正本，并具有同等法律效力 Copies 1,2 and 3 of this Air Waybill are originals and have the same validity

收货人姓名、地址、邮编、电话号码 Consignee's Name, Address, Postcode & Telephone No. 成都××百货公司 成都市××区××街××号 邮政编码：600007　电话号码：××××××	结算注意事项 Accounting Information 填开货运单的代理人名称 Issuing Carrier's Agent Name

航线 Routing	到达站 To CTU	第一承运人 By First Carrier CA	到达站 To	承运人 By	到达站 To	承运人 By
航班/日期 Flight/Date		航班/日期 Flight/Date	运输声明价值 Declared Value for Carriage 无		运输保险价值 Amount of Insurance 无	

储运注意事项及其他 Handing Information and Others
鲜活易腐货物

件数 No.Of Pcs. 运价点 RCP	毛重（kg） Gross Weight（kg）	运价种类 Rate Class	商品代号 Comm.Item No.	计费重量 （kg） Chargeable Weight（kg）	费率 Rate /kg	航空运费 Weight Charge	货物品名（包括包装、尺寸或体积）Description of Goods（incl.Packaging, Dimensions or Volume）
2	30					562.00	冻牛肉2件
		S	N150	30	18.72		包装：纸箱 尺寸：50cm×30cm×20cm×2

预付 Prepaid	到付 Collect	其他费用 Other Charges 货物运输单费 30.00　燃油加价费 6.00

562.00	航空运费 Weight Charge		本人郑重声明：……
	声明价值附加费 Valuation Charge		
6.00	地面运费 Surface Charge		托运人或其代理人签字、盖章　　　　张××
36.00	其他费用 Other Charges		Signature of Shipper or His Agent
604.00	总额（人民币） Total（CNY）		填开日期　　　填开地点　　　填开人或代理人 签字、盖章
付款方式 Form of Payment		现金	Executed on（Date）At（Place）　Signature of Issuing Carrier of Its Agent 12JAN　　首都机场货物运输部　王××

图2-12　国内航空货物运输单示例3

国内航空货物运输单示例 4

999-12345675 CA- 12345675

始发站 Airport of Departure	北京	目的站 Airport of Destination	西安	不得转让 NOT NEGOTIABLE
				航空货物运输单　　　航空公司的中文名称 AIR WAYBILL 航徽 英文名称

托运人姓名、地址、邮编、电话号码 Shipper's Name, Address, Postcode & Telephone No. 北京××制衣厂 北京市××区××路××号 邮政编码：100004　电话号码：×××××××	印发人 Issued by　　　　地址、邮编 航空货物运输单一、二、三联为正本，并具有同等法律效力 Copies 1,2 and 3 of this Air Waybill are originals and have the same validity
收货人姓名、地址、邮编、电话号码 Consignee's Name, Address, Postcode & Telephone No. 西安××销售店 西安市××区××街××号 邮政编码：×××××　电话号码：××××××××	结算注意事项 Accounting Information 填开货运单的代理人名称 Issuing Carrier's Agent Name

航线 Routing	到达站 To XIY	第一承运人 By First Carrier CA	到达站 To	承运人 By	到达站 To	承运人 By
航班/日期 Flight/Date		航班/日期 Flight/Date	运输声明价值 Declared Value for Carriage 9000.00		运输保险价值 Amount of Insurance 无	

储运注意事项及其他 Handing Information and Others

件数 No.of Pcs. 运价点 RCP	毛重（kg） Gross Weight （kg）	运价种类 Rate Class	商品代号 Comm. Item No.	计费重量 （kg） Chargeable Weight (kg)	费率 Rate /kg	航空运 费 Weight Charge	货物品名（包括包装、尺寸 或体积）Description of Goods（incl.Packaging, Dimensions or Volume）
5	160					1568.00	服装 5 件
		Q	Q100	160	9.80		包装：纸箱 尺寸：50cm×60cm×40cm×5

预付 Prepaid	到付 Collect	其他费用 Other Charges 货物运输单费 30.00　燃油加价费 160.00

1568.00	航空运费 Weight Charge	本人郑重声明：……
29.00	声明价值附加费 Valuation Charge	
32.00	地面运费 Surface Charge	
190.00	其他费用 Other Charges	托运人或其代理人签字、盖章　　　　张×× Signature of Shipper or His Agent_____
1819.00	总额（人民币） Total（CNY）	填开日期　　　填开地点　　　填开人或代理人签字、盖章 Executed on（Date）　At（Place）　Signature of Issuing 　　　　　　　　　　　　　　　　　Carrier of Its Agent
付款方式 Form of Payment	现金	12JAN　　　首都机场货物运输部　　　李××

图 2-13　国内航空货物运输单示例 4

第五节
结 算 报 表

一、销售日报

对每日发生的每票销售业务进行登入，登入内容一般包括日期、客户名、货物运输单号、重量、数量、运价、运费总费用，然后结算出每票业务的单位毛利。

二、销售月报

根据销售日报，按月结算出每一个客户的成本、毛利，汇总后编制当月的成本利润表。

三、对账单

1）根据航空公司开出的某一时段的账单，同航空公司对账。

2）根据某一时段同客户发生的业务，开出同账单对应的客户对账。同客户对账无误后，及时开出货物运输代理业专业发票，按协议规定收回账款。

四、付款买单

对无货物运输委托协议的客户，一般采用"付款买单"的方式进行结算。

知识定义

运价是指机场到机场之间的运输价目，是承运人为运输货物，对规定的重量（体积）单位和货物价值单位（公斤或磅）所收取的费用。

适用运价是指填开货运单当日的有效运价。

案例分析

一个货主有三箱重30kg的生物制品需要运往新疆，委托货运代理公司操作，结果货运代理公司财务结算人员由于不熟悉运价结算业务，未按运价优先使用规则进行结算，把应按等级运价收取的运费当作基础运价收取，最后造成公司该票业务亏损。

第六节
货物的到达、操作与交付

一、货物到达

1. 接单

航空货物到达机场后，航空公司地面代理向货物运输代理公司交接，接单人员必须做到单与单核对。交接单证有货物交接清单及货物运输单和随机文件。

2. 接货

目前，各航空公司的接货方式有所不同，都由自己指定的地面代理接货，但规定的要求必须达到，保证单货一致。

3. 货单核对出现异常情况的处理方法

货单核对出现异常情况的处理方法见表 2-17。

表 2-17　货单核对出现异常情况的处理方法

序号	交接清单上显示	货物运输单	实物	处理方法
1	有	无	有	地面代理补货物运输单
2	有	有	无	货物运输单退回地面代理，货物交接清单上划去货物运输单号
3	有	无	无	货物交接清单上划去货物运输单号
4	无	有	有	货物交接清单上补货物运输单号
5	无	有	无	货物运输单退回地面代理
6	无	无	有	货物退回地面代理

二、验货与仓储

1）按货物运输单号逐票核对货物的件数，同时检查货物外包装的破损情况。

2）发现货物破损，而航空公司地面代理未开具运输事故记录时，必须立即要求补开，并拍照保存。

3）冷冻货、冷藏货、危险品，应与航空公司地面代理的冷冻货、冷藏货、危险品仓库确认实到"件数"和"包装"等情况，确保冷冻货进冷冻库，冷藏货进冷藏库，危险品进危险品库；对于既是冷冻货又是危险品的货物，应进冷冻库。

4）开具运输事故记录的通常情况有：

① 包装货物受损，如纸箱或木箱开裂、破损，内中货物散落；或者纸箱、木箱未见开裂、破损，但其中液体有漏出等。

② 裸装货物受损，如金属管出现压扁、断裂、折弯等情况，机器部件失落、仪器表面破裂等。

③ 木箱上"防震""防倒置"标志泛红。

④ 货物件数短缺。

5）货物的分理：

① 核对货物总、分标签，对混载货物进行分理。对于"总运单号"相同、"分运单号"不同的货物，则按相应的分运单进行分理，并将不同分运单的货物分别存放。各分运单上货物的件数之和应等于该总运单下的总件数。

② 对特殊货物（分批货、危险品、冷冻货、贵重物品等），在相应的运单号旁加以注明，以便识别。

③ 将不正常的货物摆放在仓库"不正常货"区域内。

④ 分理过程中应注意每件货物的"标签"和其他标记。

6）仓储：按货物的性质、大小、批量及轻重缓急分置于不同区域，一般原则为：

① 大型货物或客户急需提走的多件货物可置于仓库的空阔场地上。

② 能直接入货架的货物应按如下原则摆放：

a. 下层放置小型零散货物。

b. 中层放置中小型货物。

c. 上层放置中型货物。

d. 单件小货集中堆放。

③ 装卸堆放按货物外包装上的操作标识进行操作，如禁止倒置、禁止叠放、防潮、防震或要求轻装、轻卸等。

④ 货物堆放应整齐划一，堆放时应注意货物外包装上的操作标记和运单标签的朝向，严禁撕扯标签。标签不清楚时，应核对清楚，并做好标记，同一运单号的货物尽量放置在一起。

⑤ 货物堆放在托盘上时，不能超越托盘周边，以便铲车铲运。操作铲车时，防止用铲叉戳穿、撞坏货物的外包装；筒装的液体货物在铲叉上只能放一层，不准叠高；驾驶、操作铲车过程中必须保持铲叉平稳，防止货物因震动落下；用铲叉放置货物时应小心轻放。

⑥ 将货物整齐堆放在托盘上，货物堆垛高度应根据货物及其货物包装的承压能力和体积大小，整齐、平稳、牢固、层次分明地定量堆放，必要时用封箱带加固，做到货物堆放不倾斜、不倒塌。每板堆高一般不超 1.8m，严禁货物堆放时重压轻、大压小。

7）理货记录和货物信息输入：

① 将仓库理货的实际情况，及时、准确、清晰地登记在货物进出登记表上，登记内容包括进库日期、总运单号、分运单号、实到件数、重量、收货单位、区位号、出库日期、经办人及备注。备注中一般记录货物破损情况、货物外包装及提货人签名。

② 货物进出登记表的各栏应认真填写，如有更改，应在更改处加盖"更改章"。

③ 货物进出登记表应妥善保管，并保持整洁，严防损毁、遗失。

④ 将到货情况逐一输入计算机中的货物操作系统，输入内容包括：进库日期、已到件数、包装种类、货物分类、特殊货物（见危险品、冷冻货等，则可以在此输入）、损坏种类、损坏数量、损坏处理方式（见货物有损坏，则需要输入有关的处理方法）、库位。

⑤ 为了便于及时掌握分批货进库情况，仓库人员必须及时在货物进出登记表的实到栏内做好相应记录，并与货物操作系统中的信息保持一致。

⑥ 凡货物移库位，仓库人员应及时在货物进出登记表和货物操作系统中的区位栏内做好相应的更改记录，并在货物进出登记表的区位栏内的修改处加盖"更改章"，以便于发货时提高寻货效率，防止差错事故发生。

8）货物的保管：

① 确保所有货物安全，保持货物原貌。

② 库区内严禁吸烟和动用明火，不准将火种带入库内，不准使用电炉和大功率取暖器，不准车辆在库区内加油，对库区内的消防器材和设施加强检查与管理，使之处于完好状态。

③ 仓库重地，对外来人员入库应主动劝说离库。

④ 对有特殊储存要求的货物必须单独隔离存放，加以标识，并重点监控。

⑤ 坚持当天任务当天完成，下班前将货物全部入库。

9）盘库：

① 每月月底盘库。盘库内容包括：统计每日及汇总当月进库总票数、进库总件数、进库总千克数和出库总票数、出库总件数、出库总千克数，以及目前的库存数。

② 盘库必须单货核对：将目前库存数同实际库存货物进行核对，并对不一致情况进行登记。发现多货或少货，及时查明原因，并记录在盘库报告内。同时，对多余的货物分开摆放（放在"不正常货"区域）。

三、理单与通知

1. 理单

1）根据总运单和分运单及随机文件显示的货物种类，如普货、快件、特殊货物、单票、混载、到付、预付等，按最便于操作的方式进行分类。

2）运单分类主要取决于各代理公司的服务性质、工作流程，因此不必统一。一般有：

① 按航班号理单。

② 按代理理单。

③ 按货主理单。

④ 按区域理单。

⑤ 按付费方式理单。一般情况下，无特殊约定的国内货物，代理公司只做预付。

3）为便于查询和内部操作，对分类运单进行编号。

4）理单人员必须逐票审核每票业务：总运单与分运单是否相符；货物运输单同随机文件是否一致；货物运输单上的内容同货物的实际情况是否一致；是否有先期送达的单证；其他需要核对的资料。

5）核对无误后把相关信息输入计算机操作系统。不一致的必须查明原因后再操作。

6）当日上午收到单证，当日必须整理完毕；下午收到单证，最迟在次日上午整理完毕。单证少的一般2h内必须完成。

2. 到货通知

1）单证操作人员根据单证整理信息再作一次审核，审核无误后制作到货通知。各代理公司都有统一格式，一般只要填入收货人、航班到达日期、总运单号、分运单号、数量、重量即可。

2）发到货通知的方式一般有：传真、邮寄挂号信、快件送递、发函、电话通知等。若代理公司同客户有协议约定，按协议约定发到货通知。

3）对有单无货或货物尚未全部到达的分批货，应告知收货人实情，以免客户白跑。

4）到货通知必须在货物到达港后的24h发出。发出后，客户未来提货，客服人员应每隔一周主动催单，对联系不上的应采取其他方式联系，直至取得联系为止。

5）发到货通知和催单情况，都必须输入计算机操作系统，作为操作记录以便追溯。

四、运费结算

1）代理公司在交付货物前必须先完成费用结算和收费手续，若同客户协议约定付费方式，按协议约定办理，如月结等。

2）各代理公司的收费项目不统一，常规内容包括：到付运费及代垫佣金；单证操作费、仓储费、装卸铲车费等。

3）结算前，结算人员必须审核到货通知和货运单正本的内容是否一致，总运单上是否有航空公司地面代理的确认章，以及到货通知上是否加盖了收货人公章。

4）审核无误后开具发票和出门证，按发票金额收费。

5）货物交付：

① 货物交付前，仓库人员必须核对客户在财务结算后开具的"货物运输代理业专用发票"（提货联，以下简称"货物运输发票"），其中所示的运单号、件数是否正确，"货物运输发票"（提货联）上是否有结算人员结算后加盖的"出库章"（内容包括结算日期、经办人、发货人）。当"货物运输发票"（提货联）上"出库章"的结算日期与提货日期不一致，应要求客户至开票处重新结算仓储费用后再给予放行。

② 核对出门证上的经办人签名、填发日期、运单号、件数、重量等内容填写是否清楚、完整、正确。

③ 核对无误后，要求客户在出门证上签名及填写承运的"车牌号"，同时要求客户在货物进出登记表上签名。

④ 门卫在客户出门时，再次核对"货物运输发票"（提货联）上的运单号、件数与所发放的货物上的标签是否一致，确认无误后放行。

⑤ 事后由发货人在货物进出登记表上签名，并在货物操作系统中输入出库日期。

⑥ 有时客户考虑到成本、资源等多方面因素，会提出由货物运输代理公司代提货物运送到其指定地点，如工厂、仓库等。对此，代理公司按双方约定派车送货上门，运输费另行结算。

⑦ 当货物运输代理公司考虑到操作中的运输、仓储成本或为掌控货物的主动权，采取货物分拨，由分包方为其从事相应的运输或仓储业务，为保证服务到位，应选择合格的供方，并签订分包协议。

五、航空快运与 POD

1）从事航空快件运输，必须具备：

① 获得国际航空货物运输代理资格，并在其规定的业务范围准许经营航空快件运输。

② 国内、市内有自己的收件、派送、中转网络和国际区域性的快件网络。

③ 硬件方面具备相关的计算机操作和服务系统，并实施联网（国际快件必须同海关联网）。

④ 有一支销售、操作、服务和管理的团队。

2）POD（交付凭证）用于航空快运业务，单据上印有编码和条码。单据一般有四联，分别为发货人联、随货联、财务结算联、收货人签收联（各快运公司有可能不同）。

3）为减少内部交接环节，提高内部操作效率，航空快运应明确专人负责操作，这是有别于航空普货操作的根本区别。

4）航空快运每经过一个中转港或到达一个目的港都必须在计算机系统中输入其动态信息，派送员把货物送到收货人时，必须要求其在 POD 上签上姓名和日期，计算机操作人员及时将送货信息输入计算机，使得此票货物的运输过程始终处于监控之中。发货人或收货人一旦要查询此票货物信息，快运公司立即就能答复。

知识定义

1. 关于航空货物交接清单，各航空公司地面代理的称呼是不同的："中货航"称"货物代理交接单"；"货站"称"货站交接清单"；"航空公司"称"代理人提货交接单"。

2. 混载货物分单票混载和多票混载。

单票混载是指一票总运单下只有一票分运单，件数相同。

多票混载是指一票总运单下有两票或两票以上分运单，并且分运单上的件数之和应等于总运单上的件数。

混载货物分运单上的计费重量大于或等于总运单上的计费重量。

3. POD（Proof of Delivery）又称交付凭证，其类似于分运单，但比分运单的用途更为广泛。它是航空快运业务中重要的单据之一，是其他运输形式所没有的。其具有商务合同、分运单、服务记录，以及结算和配合计算机检测、分类、分拨等作用。

案例分析

1. 某大型企业有一批既是危险品又是冷冻品的货物运入上海，按规定，此票货物应进冷冻库，但航空公司地面代理工作疏忽，到该客户提货时发现此票货物已变质。经鉴定，此票货物做报废处理。

2. 某货运代理于 2016 年 5 月 7 日收到一票货物，5 月 8 日采用传真方式发出到货通知，但在过后的数天，客服人员未按公司的服务规定进行催办，也未跟踪此票货物未提的原因。直到 8 月初，客户查询此票货物情况，才知根本没有收到到货通知。因此，客户向公司投诉，并拒付此票货物的仓储费。这使得该公司经济和信誉都受到损失。

第七节
售 后 服 务

一、航班跟踪

1）当飞机出运后，航班跟踪人员应随时做好出运查询工作，若涉及转运，必须做好二程航班跟踪工作，并将正常的跟踪信息输入计算机。

2）当发现飞机未正常出运或延误到达目的站，航班跟踪人员应尽快了解其中的原因，并把不正常信息告知托运人，获得托运人的谅解。同时，航班跟踪人员把实际出运及到达目的站的信息及同托运人沟通的内容，如联系人、联系时间等输入计算机，以便追溯。

二、货物运输协议的签订

1）托运人和货物运输代理人合作初始，往往采用单票业务委托书形式进行合作。经过一段时间的业务交往，双方有长期合作的意愿。为保证托运人和代理人的合法权益，维护双方的长期合作，一般都应签订货物运输协议，并经双方签字、盖章生效。

2）货物运输协议文本暂无统一的格式，但一般按货物运输代理人的文本为准。文本应包含以下内容：

① 托运人和货物运输代理人的全称、详细地址、电话、传真、电子邮箱。

② 委托内容、操作方式。

③ 付款人的全称、详细地址、电话、传真、电子邮箱。

④ 收费标准、结算方式、付款期限。

⑤ 双方的银行账号。

⑥ 双方的权利、义务和违约责任。

⑦ 协议生效期和有效期。其他特殊约定可采用附件方式，该附件同货物运输协议具有同等法律效力。

3）协议的有效期由双方约定，一般为一年，一年合作后双方无异议，协议自动顺延一年。对此，当协议有效期即将到期时，货物运输代理公司应主动同托运人联系协议续签的相关事宜。

4）当托运人不愿签订货物运输协议时，代理公司应主动了解原因，是否存在服务上的缺陷或是托运人信用存在问题等，以便采取相应对策。

三、客户满意度调查

1）货物运输代理公司获取客户满意度的方式可分为直接同客户交流沟通和间接征询

客户意见两种。

① 直接同客户交流沟通包括召开客户座谈会、上门走访客户、电话征询等方式，可直接了解客户对服务的需求、建议和服务意见。其具有直接、灵活、针对性强的特点。

② 间接征询客户意见需要指定专门部门或人员归口负责，采用问卷调查的方式，定期向客户发放意见征询表。其具有反馈信息量大和征询面广的特点。企业通过汇总分析，可考察自身总体的服务水平和存在的一些普遍性问题，利于企业改进。另外，企业可通过行业协会、各种媒体或消费者协会等间接渠道了解市场或客户的信息。

2）企业获得客户满意度的相关信息后，必须采取有效的改进措施加以落实，坚持持续改进，不断完善以客户需求为核心的服务模式，提升客户的满意度。

四、客户抱怨的处理

1）为做好售后服务工作，货物运输代理公司一般会安排专门部门或明确专人处理客户抱怨。

2）处理客户抱怨的注意事项：

① 做好登记，登记内容包括日期、客户名称、涉及业务的运单号、抱怨内容、处理结果等。

② 对于简单的抱怨，相关人员应在一个工作日内给予客户回复。对于需要调查取证等一时无法给予客户回复的，应及时同客户沟通，一旦有调查结果，及时给予回复。

③ 对由于货物运输代理公司的责任引起客户抱怨并涉及经济赔偿的，双方应签订具体的赔偿协议。

④ 由于承运人责任引起经济赔偿的，通过向客户解释索赔的程序和方法，可由客户直接向承运人提出赔偿。若客户要求货物运输代理公司代为办理，则货物运输代理公司有义务代客户向承运人提出赔偿。

知识定义

客户满意度是指客户对其要求已被满足的程度的感受，它可以通过满意度调查和统计分析获得。

客户满意度的调查和统计分析是为了使企业更好地掌握客户的需求和企业的服务水平及在服务过程中存在的缺陷或不足，以便采取有效的改进措施，不断提高企业的服务水平。

案例分析

某货物运输代理公司同一位客户的经办人平时业务交往较多,该客户委托该货物运输代理公司出运货物后才支付运费,有时能按时支付,有时拖几个月才支付,碍于双方协作关系,故双方未签订书面的货物运输协议。

但到 2016 年年底,该经办人因赌博被公安关押,拖欠该货物运输代理公司多票业务的运费达 3 万余元,并且不予支付。当该货物运输公司同该客户催讨拖欠的运费时,客户认为,经办人委托的业务是个人行为,不能代表单位,而货物运输代理公司由于提供不出双方的书面货物运输协议,因此,双方多次交涉无果。

综合测试

1. 填开货物运输单的凭据是什么?

2. 托运人托运货物应具备哪些条件?

3. 收货确认有何要求?

4. 为何要严禁同一托盘混放件数相同或外包装相似的两票货?

5. 当发现送货单上的唛头标识与实际不一致时,该如何处理?

6. 货物堆放有何要求?

7. 对特殊货物标签贴挂有何要求?

8. 因对货物有疑,仓库人员该如何处理?

9. 为何要进行舱位预配?

10. 订舱一般需要提供哪些信息?

11. 一般有哪些情况会出现货物未按原同航空公司订舱确认的航班出运?

12. 为何要签订货物运输协议?货物运输协议一般包括哪些内容?

13. 如果你是货物运输代理公司的工作人员,遇到客户抱怨,该如何处理?

14. 运价分哪几种类型?

15. 当一票货物既可按指定商品运价计费,又可按等级货物运价计费时,应按哪一种运价计费?请举例说明?

16. 以下国内货物托运书的填写有何错误?

国内货物托运书

现委托你公司运输以下货物，一切有关事项如下：

始发站		PEK	目的站		SZX
托运人姓名 或单位地址		北京市公安局	邮政编码		
			100005		
托运人地址		北京市建国门外大街18号	联系电话		
			010-65043745		
收货人姓名 或单位地址		深圳市公安局	邮政编码		
			518028		
收货人地址		深圳市华强北路316号	联系电话		

储运注意事项及其他： 机场交货，机场提取 到达时，请及时通知收货人			声明价值	保险价值

件数	毛重	运价种类	商品代号	计费重量	费率	货物品名（包括包装、体积或尺寸）
1	55kg					警犬幼仔 体积：65cm×55cm×55cm×2

说明：1. 托运人应当详细填写本托运书中的各项内容，并对其真实性、准确性负责。2. 承运人根据本托运书填开的航空货物运输单经托运人签字后，航空运输合同即告成立。

托运人或其代理人
签字（盖章）：　××

托运人或其代理人
身份证号码：　× × × × ×

货物运输单号码		
999-12345675		
经手人	X光机检查	× × ×
	检查货物	× × ×
	计算重量	× × ×
	填写标签	× × ×
××××年3月10日		

注：粗线框内由承运人填写

17. 法律规定货物运输单由_____填制，在实际操作中是由_____填制的。或者说成由_____委托_____填制的，委托的书面依据是_____。

18. 在货与单核对中，当出现"有单无货"或"只有总运单，而无交接清单和货物"时，各自如何处理？

19. 在仓储管理过程中，哪些属于不正常货物？

20. 为何要求小型零散货物摆放在货架下层？

21. 理单时，应审核哪些内容？

22. 当客户地址变更，客户收不到到货通知书时，你该如何处理？

23. 运费结算时必须审核的内容有哪些？

24. 核放货物时有哪些注意事项？

25. 为何"出库章"内要显示出库日期？

26. 从事航空快件运输，必须具备哪些条件？

27. 航空运费计算：

1）航程：PEK—CTU。

　　货物：服装，26kg，55cm×55cm×60cm×2。

　　计算：

体积重量/kg	适用运价/（元/kg）	计费重量/kg	航空运费/元

运单填写：

件数	实际毛重	运价类别	商品代号	计费重量	费率	航空运费	品名及尺寸

2）航程：PEK—CTU。

　　货物：服装，36kg，55cm×55cm×60cm。

　　计算：

体积重量/kg	适用运价/（元/kg）	计费重量/kg	航空运费/元

运单填写：

件数	实际毛重	运价类别	商品代号	计费重量	费率	航空运费	品名及尺寸

3）航程：PEK—HGH。

　　货物：服装，65kg，55cm×55cm×60cm×3。

　　计算：

体积重量/kg	适用运价/（元/kg）	计费重量/kg	航空运费/元

运单填写：

件数	实际毛重	运价类别	商品代号	计费重量	费率	航空运费	品名及尺寸

4）航程：PEK—CTU。

货物：服装，26kg，55cm×55cm×60cm。

计算：

体积重量/kg	适用运价/（元/kg）	计费重量/kg	航空运费/元

运单填写：

件数	实际毛重	运价类别	商品代号	计费重量	费率	航空运费	品名及尺寸

5）航程：PEK—DLC。

货物：服装，6kg，35cm×35cm×35cm。

计算：

体积重量/kg	适用运价/（元/kg）	计费重量/kg	航空运费/元

运单填写：

件数	实际毛重	运价类别	商品代号	计费重量	费率	航空运费	品名及尺寸

6）航程：PEK—FOC。

货物：宠物狗，18kg，75cm×50cm×55cm。

计算：

体积重量/kg	适用运价/（元/kg）	计费重量/kg	航空运费/元

运单填写：

件数	实际毛重	运价类别	商品代号	计费重量	费率	航空运费	品名及尺寸

7）航程：PEK—HAK。

货物：数码相机，13.3kg，声明价值 CNY 75000.00，32cm×32cm×16cm×7。

计算：

体积重量/kg	适用运价/（元/kg）	计费重量/kg	航空运费/元

运单填写：

件数	实际毛重	运价类别	商品代号	计费重量	费率	航空运费	品名及尺寸

8）航程：PEK—DLC。

货物：急件，3kg，40cm×30cm×20cm。

计算：

体积重量/kg	适用运价/（元/kg）	计费重量/kg	航空运费/元

运单填写：

件数	实际毛重	运价类别	商品代号	计费重量	费率	航空运费	品名及尺寸

9）航程：SHA—CAN。

货物：皮革，165kg，35cm×35cm×55cm×10。

计算：

体积重量/kg	适用运价/（元/kg）	计费重量/kg	航空运费/元

运单填写：

件数	实际毛重	运价类别	商品代号	计费重量	费率	航空运费	品名及尺寸

10）航程：PEK—FOC。

货物：印刷品，160kg，55cm×55cm×55cm×10。

计算：

体积重量/kg	适用运价/（元/kg）	计费重量/kg	航空运费/元

运单填写：

件数	实际毛重	运价类别	商品代号	计费重量	费率	航空运费	品名及尺寸

11）航程：SHA— CAN。

货物：皮鞋，25kg，65cm×55cm×45cm。

计算：

体积重量/kg	适用运价/（元/kg）	计费重量/kg	航空运费/元

运单填写：

件数	实际毛重	运价类别	商品代号	计费重量	费率	航空运费	品名及尺寸

12）航程：SHA—KMG。

　　货物：种蛋，25kg，45cm×45cm×25cm×4。

　　计算：

体积重量/kg	适用运价/（元/kg）	计费重量/kg	航空运费/元

运单填写：

件数	实际毛重	运价类别	商品代号	计费重量	费率	航空运费	品名及尺寸

28. 某销售代理人向航空公司领取了36本连号运单，第一本运单号为781-2468135
5，最后一本运单号应为＿＿＿＿＿＿＿＿＿。

29. 根据国内货物托运书填写航空货物运输单。

国内货物托运书

现委托你公司运输以下货物，一切有关事项如下：

始发站	北京	目的站	深圳
托运人姓名或单位地址	北京市百货公司	邮政编码	100005
托运人地址	北京市建国门外大街18号	联系电话	010－65043745
收货人姓名或单位地址	深圳市对外贸易公司	邮政编码	518028
收货人地址	深圳市华强北路316号	联系电话	0755－33262857

储运注意事项及其他：机场交货，机场提取到达时，请及时通知收货人		声明价值	保险价值
		CNY40000.00	CNY100000.00

件数	毛重	运价种类	商品代号	计费重量	费率	货物品名（包括包装、体积或尺寸）
6	15.3kg					钻石 体积：25cm×35cm×25cm×6

说明：1. 托运人应当详细填写本托运书的各项内容，并对其真实性、准确性负责。2. 承运人根据本托运书填开的航空货物运输单经托运人签字后，航空运输合同即告成立。	货物运输单号码		
	999-12345675		
托运人或其代理人　签字（盖章）：×××　托运人或其代理人　身份证号码：× × × × ×	经手人	X光机检查	× × ×
		检查货物	× × ×
		计算重量	× × ×
		填写标签	× × ×
		××年　10月　10日	

已知其他运费项目有：

燃油：0.20元/kg，货物运输单费：30元/单，手续费：0.20元/kg，保险费率：8‰。

已订舱位：CA1305/11OCT　　　制单：2007 年 10 月 10 日

始发站 Airport of Departure		目的站 Airport of Destination		不得转让 NOT NEGOTIABLE 航空货物运输单 AIR WAYBILL　　航空公司名称及标志 印发人 Issued by				
托运人姓名、地址、邮编、电话号码 Shipper's Name, Address, Postcode & Telephone No.				航空货物运输单一、二、三联为正本，并具有同等法律效力 Copies 1,2and 3 of this Air Waybill are originals and have the same validity				
收货人姓名、地址、邮编、电话号码 Consignee's Name, Address, Postcode & Telephone No.				结算注意事项　Accounting Information 填开货运单的代理人名称 Issuing Carrier's Agent Name				
航线 Routing	到达站 To	第一承运人 By First Carrier		到达站 To	承运人 By	到达站 To	承运人 By	
航班/日期 Flight/Date		航班/日期 Flight/Date		运输声明价值 Declared Value for Carriage		运输保险价值 Amount of Insurance		
储运注意事项及其他　Handling Information and Others								

件数 No. of Pcs. 运价点 RCP	毛重 （kg） Gross Weight（kg）	运价 类别 Rate Class	商品 代号 Comm. Item No.	计费重量 （kg） Chargeable Weight（kg）	费率 Rate/ kg	航空运费 Weight Charge	货物品名（包括包装、尺寸或体积） Description of Goods （incl. Packaging, Dimensions or Volume）

预付 Prepaid		到付 Collect		其他费用 Other Charges
航空运费 Weight Charge				本人郑重声明：此航空货物运输单上所填货物品名和货 物运输声明价值与实际交运货物品名和货物实际价值 完全一致。并对所填航空货物运输单和所提供的与运输 有关文件的真实性和准确性负责。 Shipper certifies that description of goods and declared value for carriage on the face hereof are consistent with actual description of goods and actual value of goods and that particulars on the face hereof are correct. 托运人或其代理人签字、盖章 Signature of Shipper or His Agent
声明价值附加费 Valuation Charge				
地面运费 Surface Charge				
其他费用 Other Charges				
保险　8‰				填开日期　　填开地点　　填开人或其代理人 　　　　　　　　　　　　　签字、盖章 Executed on（Date）At（Place）　Signature of Issuing 　　　　　　　　　　　　Carrier or Its Agent
总额（人民币） Total（CNY）				
付款方式 Form of Payment				

第三章

民航国内特种货物运输规则

　　本章根据航空货物运输的特点，较详细地介绍了特种货物包括活动物、鲜活易腐货物、危险品、贵重物品等货物的分类、定义、包装、标记、操作代号及国内航空运输要求等内容，具有较强的专业性和实操性，对将来能更好地处理航空特种货物运输有很大的指导作用。

学习目标

- 掌握特种货物的基本知识和操作代号。
- 了解各类特种货物的包装和标记要求。
- 基本掌握各类特种货物（除危险品）的运输与仓储要求。

第一节
特种货物运输概论

一、特种货物的定义及其在空运市场中的地位

1. 特种货物的定义

特种货物是指在收运、储存、保管、运输及交付过程中，因货物本身的性质、价值、体积或重量等条件需要特别处理的货物。

2. 特种货物在空运市场中的地位

近年来，国内货物运输量不断增长的同时，货物运输的种类也趋于多元化。在各航空公司日益重视货物运输的前提下，其对于特种货物的载运能力也有所提高。因此，对于运价高于普通货物的特种货物而言，在空运市场中所受的重视也日益提高。运输各类特种货物既提高了运输收入的性价比，同时也说明了承运公司的运输品质。特种货物的运输市场也成为了各承运人及货物运输代理竞相抢占的市场。

二、特种货物的范围

1. 危险品

危险品分为九大类，某些类别又可进一步划分为若干小类：

🔘 **第一类 爆炸品**

1）具有整体爆炸危险的物品和物质，如图 3-1 所示。

2）具有抛射危险，但无整体爆炸危险的物品和物质，如图 3-1 所示。

3）具有起火危险、较小的爆炸和（或）较小的抛射危险，但无整体爆炸危险的物品和物质，如图 3-1 所示。

4）不存在显著危险的物品和物质，如图 3-2 所示。

5）具有整体爆炸危险而敏感度极低的物质，如图 3-3 所示。

6）无整体爆炸危险而敏感度极低的物质，如图 3-4 所示。

图 3-1　爆炸品 1　　　　图 3-2　爆炸品 2　　　　图 3-3　爆炸品 3　　　　图 3-4　爆炸品 4

第二类　压缩气体和液化气体

1）易燃气体，如图 3-5 所示。

2）非易燃无毒气体，如图 3-6 所示。

3）毒性气体，如图 3-7 所示。

图 3-5　易燃气体　　　　图 3-6　非易燃无毒气体　　　　图 3-7　毒性气体

第三类　易燃液体

易燃液体，如图 3-8 所示。

图 3-8　易燃液体

第四类　易燃固体、自燃物质和遇湿易燃物质

1）易燃固体，如图 3-9 所示。

2）自燃物质，如图 3-10 所示。

3）遇湿易燃物质，如图 3-11 所示。

图 3-9　易燃固体　　　　图 3-10　自燃物质　　　　图 3-11　遇湿易燃物质

第五类　氧化剂和有机过氧化物

1）氧化剂，如图 3-12 所示。

2）有机过氧化物，如图 3-13 所示。

图 3-12　氧化剂

图 3-13　有机过氧化物

第六类　毒性物质和传染性物质

1）毒性物质，如图 3-14 所示。

2）传染性物质，如图 3-15 所示。

图 3-14　毒性物质

图 3-15　传染性物质

第七类　放射性物质

按照放射性的不同，有三种包装等级：

1）Ⅰ级包装，如图 3-16 所示。

2）Ⅱ级包装，如图 3-17 所示。

3）Ⅲ级包装，如图 3-18 所示。

图 3-16　Ⅰ级包装

图 3-17　Ⅱ级包装

图 3-18　Ⅲ级包装

第八类　腐蚀性物质

腐蚀性物质，如图 3-19 所示。

图 3-19　腐蚀性物质

⚪ 第九类　杂项

杂项，如图 3-20 所示。

图 3-20　杂项

1. 鲜活易腐货物

2. 急件货物

3. 活动物

4. 贵重物品

5. 植物、植物制品

6. 菌种、毒种及生物制品

7. 骨灰、灵柩

8. 禁止运输、限制运输货物

9. 枪械、弹药

10. 押运货物

11. 外交信袋

12. 车辆

13. 公务货

14. 超大、超重货物

15. AOG 航材

第二节
特种货物国内运输操作规则

一、鲜活易腐货物（操作代号：PER）

鲜活易腐货物是指在一般运输条件下，因气候、温度、湿度、气压变化或运输时间等原因，容易引起变质、腐烂或死亡的物品，如肉类、水产品、水果、鲜花、蔬菜类、乳制品、植物、种苗、种蛋、蚕种等，如图3-21所示。此类货物在运输保管过程中需要保持一定的温度、湿度，以防止腐坏、变质。

图 3-21　鲜活易腐货物示例

1. 收运条件

1）质量优良或经过检查合格。

2）需要事先向承运人订妥舱位。

3）货物不能污损飞机和其他物件。客机不收运有不良气味的鲜活易腐货物。

2. 包装要求

鲜活易腐货物的包装应符合货物的特性。每件货物的外包装上应当贴有"鲜活易腐货物"标签。写明收货人、发货人的姓名、地址、电话号码及储运注意事项，如"冷藏""冰冻"等。

用于鲜活易腐货物的包装材料有：

1）聚苯乙烯泡沫绝缘材料、泡沫箱。

2）涂蜡的纸板箱。

3）瓦楞纸箱。

4）木桶、木箱、板条箱。

5）聚乙烯塑料布、聚乙烯塑料袋。

6）塑料箱、金属罐。

7）吸湿纸。

3. 单证要求

1）政府规定需要进行检疫的鲜活易腐货物，托运人应当出具有关部门的检疫证明。

2）使用干冰作为冷冻介质的鲜活易腐货物，货物运输单中货物品名栏内应注明"干冰"字样及干冰的净重。

3）在货物运输单储运注意事项及其他栏内应注明"鲜活易腐货物"字样及运输中应注意的事项。

4. 运输及仓储

1）在运输过程中应尽量提供合适的温度和通风条件。

常见的鲜活易腐货物的存放温度见表3-1。

表 3-1　常见的鲜活易腐货物的存放温度

种类	温度/℃
亚热带、热带水果	9~15
其他水果	3~6
鲜蔬菜	0~6
冻肉、水产品	≤-8
冻鲜花	<0
未入孵种蛋	13
已入孵且即将孵出的种蛋	蛋温不得超过37.8℃

2）为了避免鲜活易腐物品和其他货物相互污染，储运过程中应注意以下几点：

① 种蛋不能和干冰相邻。

② 大批量的鲜花、蔬菜不能和水果相邻放置。

③ 食品不能和毒性物质、感染性物质、灵柩或活体动物等相邻放置。

案例分析

冻鱼的运输：

单证方面：货物运输单中储运注意事项栏内注明"鲜活易腐货物"，如采用干冰冷冻，则品名栏中注明"干冰"字样及干冰净重。

包装方面：包装要求不漏水、不渗水，不散发不良气味，必须能承受温度和气压的变化，并有一定的抗压强度。

包装顺序：两层聚乙烯塑料袋—泡沫箱—聚乙烯塑料袋—瓦楞纸箱。外包装上贴"鲜活易腐货物"、"小心轻放"和"向上"的标志，并注明"干冰"字样及干冰净重。

二、急件（操作代号：URG）

知识定义

急件货物是指托运人要求以最早航班或在限定时间内运达目的地，并经承运人同意受理的货物。

运输急件货物应以直达航班为主，需要经过中转才能运至目的地的急件货物，应订妥航班、日期、吨位后，方可收运。

急件货物的货物运输单储运注意事项及其他栏内应注明"急件"字样，货物外包装上应贴挂急件货物标签。

三、贵重物品（操作代号：VAL）

1. 贵重物品的分类

1）黄金、白金、铱、锇、钯等稀贵金属及其制品。

2）各类宝石、玉器、钻石、珍珠及其制品。

3）珍贵文物（包括书、画、古玩等）。

4）现钞、有价证券。

5）除上述物品外，毛重每千克声明价值在 2000 元人民币以上的物品。

2. 包装要求

1）贵重物品的包装应使用坚固的材料，外加"井"字形铁箍，接缝处必须有封志。内附衬垫材料，填塞严实，防止松动。

2）货物外包装上必须清楚地写明发货人和收货人的名称、地址。

3. 单证要求

1）托运人应出示能证明货物内容、价格的凭证或其他有效证明。

2）货物运输单储运注意事项及其他栏内加盖或注明"贵重物品"的戳记或字样。

四、活动物（操作代号：AVI）

活动物包括活的家禽、鸟类、哺乳动物、爬行动物、鱼、昆虫、甲壳类动物、贝壳类动物等，如图 3-22 所示。

图 3-22　活动物示例

1. 收运条件

1）动物健康状况良好，无传染性疾病。

2）应预先订妥舱位。

3）托运人必须提供动物喂食、饮水、清扫及操作时间的指示说明。

2. 包装

1）活动物的运输包装既要便于装卸，又要适合动物的特性和空运的要求，能防止动物破坏、逃逸和接触外界，包装底部需有防止粪便外溢的措施。容器大小要合适，保证动物有足够的地方做适当活动。通常情况下，不同物种的动物个体不能放在同一容器内运输。

2）需要特殊照料的动物，应在外包装上写明照料的注意事项。

3）包装必须有足够的通气孔，防止动物窒息，如图 3-23 所示。

4）运输过程中所需的饲料、照料动物的特殊设备应由托运人提供。

5）包装上应贴挂有以下运输标签：活体动物标签；不可倒置标签。

图 3-23　活动物运输包装示例

3. 单证要求

1）托运属于检疫范围的动物，要出具当地县级以上检疫部门的免疫注射证明和检疫证明书。托运属于市场管理范围的动物，要有市场管理部门的证明。

2）托运国家保护动物时，要出具有关部门的准运证明。

3）妊娠期的哺乳动物一般不予承运，除非兽医证明在运输过程中无分娩的可能，方可收运。

案例分析

雏鸡的运输

单证方面：填写货运单时，不得将活动物与其他货物共用一份货运单，在货物运输单品名栏内，必须注明动物的具体名称和准确数量。在储运注意项目栏内注明"活动物"字样。

包装方面：雏鸡运输应采用标准箱，每一包装件内的雏鸡数量不宜过多，限装 100 只（温度超过 25℃时，限装 80 只），防止雏鸡拥挤而死。

运输方面：雏鸡对温度的要求为 28℃，因此，地面或飞行中要尽可能保证雏鸡对温度的要求，温度过高时，应停止运输。由于雏鸡对氧气的消耗极大，雏鸡周围的堆物不宜过密，保持雏鸡周围的空气流通，防止雏鸡窒息。

五、尸体骨灰（操作代号：HUM）

1. 骨灰

托运人应凭医院出具的死亡证明和殡仪馆出具的火化证明办理骨灰托运手续。预先订妥航班、日期。将骨灰装在密封的塑料袋或其他密封容器内，外加木盒，最外层用布包裹。

2. 灵柩

灵柩的托运如图 3-24 所示。

图 3-24 灵柩的托运

（1）灵柩的收运条件

1）灵柩内是非传染性疾病死亡的尸体。

2）尸体经过防腐处理，并在防腐期内。

3）必须预先向承运人订妥舱位、日期、航班。

（2）灵柩的包装要求

国内灵柩必须放入密封的铅制或锌制并经过焊接的棺内，外包装用木制的容器，最外层还应用帆布或防水油布包裹以防止容器受损，外包装上应装有牢固的把手以便装卸。

（3）灵柩的单证要求

1）国内运输灵柩必须符合国家的有关规定和持有有关部门同意运输的证明文件。

2）托运人还应提供县级以上医院出具的死亡证明，殡仪馆出具的入殓证明、防腐证明和卫生防疫部门出具的准运证明。非正常死亡的灵柩，除应有上述证明文件外，还应有县级以上公安部门出具的准运证明或法医证明。

3）死者遗物和灵柩可以使用同一份货物运输单并使用灵柩运价，其他货物不能和灵柩使用同一份运单。

六、其他

1. 植物、植物制品

1）托运植物和植物制品时，需要到所在省（地、县）植物检疫机构办理检疫手续，领取植物检疫证书，凭植物检疫证书办理货物托运手续。

2）凭在有效期限内的植物检疫证书随附货物运输单托运货物。无植物检疫证书或交运货物种类、数量与植物检疫证书不符的，承运人不予承运。

2. 烟草

1）烤烟、名晾（晒）烟、卷烟、雪茄的运输必须持有准运证明或调运单。

2）省际运输，托运人必须出示省、直辖市或自治区所属烟草专卖公司出具的烟草专卖品准运证，一式两份，一份留存，另一份随同货物运输。

烟草专卖品准运证如图 3-25 所示。

调出单位：			调入单位：		（国）烟专准字：
名称	规格	计量单位	数量	起止点	备注
有效期（　）天，过期作废					
签发单位	（签章）　年　月　日		承运单位	（签章）　年　月　日	

批准人：　　　　　　　　　　　　　　　经办人：

说明：1. 本证有效期最长为 45 天。使用本证时，必须货证相符。

　　　2. 卷烟、雪茄以件（50 条）为计量单位。烟用丝束、盘纸以吨为单位。滤嘴棒以万支为单位。烟草专用机械以台（组）为单位。烟丝、烟叶以吨（担）为单位。

　　　3. 此准运证仅限于省（市、自治区）际运输使用。

领证人：

图 3-25　烟草专卖品准运证

3）省内运输，托运人必须出示省、自治区所属烟草专卖公司或省、自治区人民政府指定的承办单位出具的调运单。

3. 枪支、弹药和警械

1）枪支、弹药和警械的运输必须凭省、市级以上公安局出具的运输证或协运证，或者外交部、总政保卫部、省市级以上体委部门批准的证明信收运。

2）货物外包装必须使用坚固的木箱或铁箱，外加铅封。使用木包装箱时，箱体外围需用铁箍进行"井"字形加固。枪支和弹药要予以分装，做到枪支不上弹。

3）必须指定专人监护枪支、弹药和警械地面的运输。

4. 菌种、毒种及生物制品

1）对于经过人工制造、提炼、无菌处理过的生物制品，如果托运人可提供无菌、无毒证明，则可以按照普通货物收运。生物制品主要包括疫苗、菌苗、抗生素、免疫血清、诊断用品等。用冰瓶或冷箱包装的生物制品，若托运后两天内不能运抵目的地，应通知托运人，以便考虑是否采取更换冰块或制品等措施。非冷藏的生物制品，如果超过最长运达时限仍不能运达目的地，而当时的气温与生物制品的要求差距较大时，应征求托运人的处理意见。

2）菌种、毒种是指用于研究、制造生物制品的细菌、病毒和其他病原微生物（病原微生物是能使人、畜致病的微生物），如果运输过程中处理不当，会造成人、畜感染，除非特殊情况，经过公司领导批准，否则不予收运。

3）对于有机培养基、未经硝制的兽皮、未经药制的兽骨，如果托运人能提供相关的无菌、无毒证明，则可以按照普通货物收运。

菌种、毒种及生物制品如图 3-26 所示。

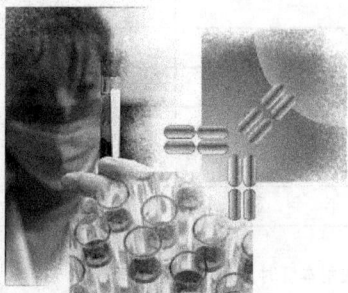

图 3-26　菌种、毒种及生物制品

综合测试

1. 特种货物包括哪些类别？
2. 承运鲜活易腐货物时有哪些要求？
3. 装运水产品时应该注意哪些事项。
4. 计算机是贵重物品吗？
5. 骨灰的托运应具备哪些文件？

第四章

民航国内货物不正常运输处理及赔付

本章对民航国内货物运输销售业务中可能发生的不正常运输包括运输变更、品名不符、无法交付货物等情况及如何处理进行了较详细的介绍,还针对货物运输中发生的延误、损坏、少收、遗失货物的赔偿条件,结合案例进行了介绍。本章内容能让学生学会如何处理民航货运业务中发生的不正常情况,并了解相关的法律和法规常识。

学习目标

- 能熟练掌握承运人的责任、权利和义务。
- 能熟练掌握托运人和收货人的责任、权利和义务。
- 能掌握国内航空货运中各类相关法律、规定及运输条件。
- 能针对无法交付货物进行处理。
- 能准确理解和处理客户的索赔要求。

第一节
民航国内货物运输不正常情况及处理

一、货物运输变更的处理

知识定义 ✕

从货物收运后至货物到达目的站交付之前，凡是托运人自愿对托运货物的运输要求发生变更或由于承运人等原因造成托运人的运输要求发生变更，均称作货物运输变更。

1. 自愿运输变更

（1）托运人有权提出的变更要求

1）发运前退运。

2）经停站停运。

3）变更目的站。

4）退回始发站。

5）变更收货人。

（2）自愿运输变更的处理

1）自愿运输变更只能在原办理托运手续的地点办理。

2）提出运输变更时，托运人应出示货运单托运人联、书面变更要求和个人有效身份证件。

3）运输费用发生变化后，应向托运人结清。

4）货物收运后，托运人要求运输变更时，其声明价值或保险价值不得变更。

（3）变更后的运费结算

1）发运前退运。扣除已发生的费用，如声明价值附加费、保险手续费、货运单费、实际产生的地面运输费、退运手续费等，将余额退还托运人。

2）经停站停运。扣除已发生运输航段的货物运费及其他杂费，余额退还托运人。

3）变更目的站。发运前变更，退还原收取运费，按变更后的目的站重新计算各项费用。发运后变更，根据变更后的目的站重新计算运费，多退少补。

4）退回始发站：

① 由目的站退回始发站。除收取原运费外，始发站还向托运人收取回程航班的运费。

② 由经停站退回始发站。始发站向托运人收取回程航段的运费，并从原收运费中扣除

已使用航段的运费和其他杂费，余额退还托运人。

2. 非自愿运输变更

（1）非自愿运输变更的原因　不可抗力原因：天气原因、战争、机场关闭、政府原因等。承运人原因：航班取消、机械故障、机型调整等。

（2）非自愿运输变更的费用结算　始发站退运：退还全部运费，免收手续费。经停站退回始发站：免费退运并退还已付全部运费。变更目的站：计算出未使用航段的运费，另重新核准由变更站至新目的站的运费，差额多退少不补。因变更运输路线或改用其他交通工具将货物运至目的站，费用由承运人承担。

> **案例分析**
>
> 一票货物计费重量 100kg，从上海市内收货运往重庆市内提货，上海至重庆的相应运价为 9.50 元/kg，则货物运费为 9.5 元/kg×100kg＋0.2 元/kg×100kg×2＝990 元。
>
> 1）货物运输前，托运人在机场提出退运，则应将扣除 0.2 元/kg×100kg＋20＝40 元后的余额，即 950 元退还托运人。
>
> 2）货物运至经停站武汉后，托运人要求改在武汉机场提货，上海至武汉的相应运价为 8.90 元/kg，则应退还 990 元–（8.9 元/kg×100kg＋0.2 元/kg×100kg）=80 元。
>
> 3）货物运至武汉后，托运人要求退运回上海市内，来回程运价一致，则应收（8.9 元/kg×100kg＋0.2 元/kg×100kg）×2=1820 元，即再向托运人补收 830 元。
>
> 4）如果货物已经运至重庆市内，托运人要求退回上海市内，则向托运人补收 990 元。
>
> 5）如果货物运至武汉后，托运人要求改运至成都市内，武汉到成都的相应运价为 6.5 元/kg，则变更后的运费为 8.9 元/kg×100kg＋6.5 元/kg×100kg＋0.2 元/kg×100kg×2= 1580 元，即向托运人补收 590 元。
>
> 6）货物运至武汉后，由于重庆机场关闭，货物改运至宜宾市内，武汉到重庆的相应运价为 5.8 元/kg，则变更后的运费为 8.9 元/kg×100kg＋5.8 元/kg×100kg＋0.2 元/kg×100kg×2=1510 元，超出部分不向托运人补收。

二、品名不符和无法交付货物的处理

1. 品名不符货物

货物品名不符是指货物的实际名称与运输凭证上填写的货物名称不相符。

（1）贵重物品品名不符的处理

1）凡不属于有意取巧，只补收运费差额。

2）如果属于伪报品名，则应：

① 在出发站：停止发运，通知托运人取回，按发运前退运处理。如果仍需要空运，则按贵重物品重新办理托运。

② 在中途站：继续运送，通知到达站处理。

③ 在到达站：按运费差额加倍补收。

（2）伪报品名并夹带禁运货物或危险品　发现托运人伪报品名，在货物中夹带政府禁止运输或限制运输的物品或危险品时，按下列规定处理：

1）在出发站：停止发运，通知托运人取回货物，运费不退。

2）在中途站：停止发运，通知托运人提出处理意见，已收运费不退，另对夹带禁运品或限运品的货物补收已运航段普通货物运费的150%。

3）在到达站：对夹带的货物补收全程普通货物运费的150%。

2. 无法交付货物

1）货物从发出到货通知的次日起，14天无人提取时，承运人应征求托运人对货物的处理意见；满60天无人提取，又未收到托运人的处理意见时，按照无法交付货物处理。

2）因货物运输单丢失或货物标记脱落，经过查询而无法查明托运人或收货人时，满60天如无人认领或查找，即作为无法交付货物处理。

第二节
责任和赔付

一、索赔与责任

航空承运人国内运输最高责任限额为：每千克赔偿100元人民币。

1）对于任何货物，因毁灭、损失、损坏而产生损失，如果发生在航空运输期间，实际承运人应对托运人、收货人或其他相关方承担责任。

2）航空运输期间，是指在机场内、民航飞机在机场外降落的任何地点，货物处于承运人掌管之下的全部期间。不包括机场外的任何陆路运输、水上运输过程；但是，此种陆路运输、水上运输是为了履行航空运输合同而装载、交付或转运，在没有相反证据的情况下，所发生的损失为在航空运输期间发生的损失。

3）如果货物的毁坏、遗失或损坏被证明完全是由货物的固有缺陷、质量或自然属性所引起的，则承运人不承担责任。

4）货物在航空运输中因延误造成的损失，承运人应当承担责任；但是，承运人证明本承运人或代理人或其授权人，为了避免损失的发生，已经采取一切必要措施或不可能采取此种措施的，此承运人则不承担责任。

5）如果损失是由索赔人或索赔人的转让的疏忽或其他错误作为或不作为所引起或促成的，承运人则根据该疏忽或错误的作为或不作为的程度，全部或部分免除责任。

知识定义

托运人通过货运销售代理人托运货物，此时货运销售代理人为缔约承运人，执行航班运输任务的航空公司为实际承运人。

二、索赔与赔付

1. 索赔

知识定义

索赔人是指在航空运输合同实施过程中有权向承运人或代理人提出索赔要求的人。

（1）索赔人

1）货运单上的托运人或收货人。

2）持有货运单上托运人或收货人签署的权益转让书或授权委托书的保险公司、律师事务所，以及托运人或收货人的亲属或其他有关人员。

3）保险公司授权的律师事务所。

（2）索赔地点

1）索赔提出的地点可以是该货物的始发站、目的站，或者是损失事故发生的经停站。

2）赔偿要求一般由目的站负责受理，遇特殊情况也可由始发站受理。

（3）索赔时限

1）提货时发现货物有明显损失或部分丢失，应自收到货物之日起14日内提出索赔。

2）延误运输的货物，自货物处置权交给指定收货人之日起21日内提出索赔。

3）收货人提不到货物，应当自货物运输单填开之日起120日内提出索赔。

（4）索赔诉讼时效

索赔诉讼时效为2年，自飞机到达目的站、应当到达目的站或运输终止之日起计算。

（5）索赔人应提供的文件资料

索赔人应在规定时限内以书面形式提出索赔要求，并随附下列资料：

1）货物运输单正本或副本。

2）货物运输事故记录。

3）货物商业发票、修复货物所产生费用的发票、装箱清单和其他必要资料。

4）货物损失的详细情况和索赔金额。

5）商检报告或其他有效的损失证明。

（6）书面异议和索赔形式

1）书面异议。托运人或收货人发现货物运输不正常情况，应在规定时限内向承运人提出书面异议。一般有以下几种：索赔意向书、货物运输事故记录、注有货物异常状况的货物运输单提货人联。

2）索赔形式。一般采取索赔函的形式。索赔函是索赔人向承运人提出正式索赔的书面文件。

2. 赔付

（1）赔偿限额

1）没有办理声明价值的货物，按照以下较低的一个价值赔偿：

① 货物的实际价值。

② 最高责任限额。

2）办理了声明价值并交付了声明价值附加费的货物，将其声明价值作为赔偿限额；如果承运人能够证明托运人的声明价值高于货物的实际价值，则按实际价值赔偿。

（2）赔偿付款

1）通知索赔人办理赔偿手续。若不能全额赔偿，应向索赔人说明原因和法律依据。

2）赔偿款应在索赔人签署赔偿责任解除书后支付。

案例分析 上海××汽车制造公司委托某空运代理交给××航空公司一单1月9日××航班上海至北京的货物——8件250kg汽车零件，收货人是北京××汽车销售公司，在提取货物时发现少了2件80kg的货物，因此以书面形式向××航空公司提出索赔，基本索赔程序及单据如图4-1~图4-4所示。

索赔函

××航空公司货运分公司：

　　我公司于 2016 年 1 月 9 日委托贵公司自上海运输至北京一票货物，货运单号码为 777-12345675，货物品名为汽车零件，件数为 8 件，重量为 250kg，见航空货物运输单（附后）。货物到达北京后，提取货物时，贵公司通知我公司货物丢失 2 件，共 80kg，并为我公司出具了货物运输事故记录（附后）。

　　现就此票货物的损失向贵公司提出索赔，索赔金额为人民币 20000.00 元整。

　　望贵公司尽快予以办理。

北京××汽车销售公司

××××年 1 月 20 日

图 4-1　索赔函

货物运输事故记录

编号：

REPORT OF DAMAGE OR LOSS　　　　　　FILE NO. CA0007

货物运输单号　777-12345675　　　　航班/日期　　××1234/09JAN
AWB NO.　　　　　　　　　　　　　　Flight/Date _____

始发站　　　　　　　　　　　　　　　目的站
Airport of Departure ____上海____　　Airport of Destination ____北京____

托运人姓名、地址
Shipper's Name and Address　　　　　上海××汽车制造公司

收货人姓名、地址
Consignee's Name and Address　　　　北京××汽车销售公司

货物品名　　　　　　　　　件数/重量　　　　　　　　　包装
Description of Goods ___汽车零件___　Pieces/Weight ___8/250___　Packaging ___纸箱___

货物声明价值　　　　　　　　　　　　货物保险价值
Declared Value for Carriage ____NVD____　Amount of Insurance _____

损失情况：　　　丢失　　□　　　损坏　　□　　　短少　　□
Conditions:　　　Loss　　　　　Damage　　　　　Shortage

　　　　　　　　变质　　□　　　污染　　□　　　其他　　□
　　　　　　　　Deterioration　　Contamination　　Other

货物交付地点
Delivered at _____北京_____

现场查验情况
Details of Spot Checking　收货人提取货物时，发现货物丢失 2 件，实际提取货物 6 件 170kg

损失货物品名　　　　　　　　　件数　　　　　　　重量
Description of damage or loss ___汽车零件___　Pieces ___2___　Weight ___80___

填开地点　　　　　　　　　　经办人（签字）
Issued Place ___北京___　　　Prepared by ___××___

填开日期　　　　　　　　　　收货人（签字）
Issued Date ___15/JAN/2016___　Consignee ___××___

注：此货物运输事故记录作为货物交付时的状态的证明。
Remark: This Report is a Proof of Cargo Status Only When Delivering.

图 4-2　货物运输事故记录

777-12345675

始发站 Airport of Departure	上海虹桥	目的站 Airport of Destination	北京	不得转让 NOT NEGOTIABLE 航空货物运输单 AIRWAYBILL 印发人 Issued by	航空公司名称及标志
托运人姓名、地址、邮编、电话号码 Shipper's Name, Address, Postcode & Telephone No. 上海××汽车制造公司				航空货物运输单一、二、三联为正本，并具有同等法律效力 Copies 1,2 and 3 of this Air Waybill are originals and have the same validity	
收货人姓名、地址、邮编、电话号码 Consignee's Name, Address, Postcode & Telephone No. 北京××汽车销售公司				结算注意事项　Accounting Information 填开货运单的代理人名称　　SVS Issuing Carrier's Agent Name	

航线 Routing	到达站 To PEK	第一承运人 By First Carrier××		到达站 To	承运人 By	到达站 To	承运人 By

航班/日期 Flight/date ×× 1234/09JAN	航班/日期 Flight/date	运输声明价值 Declared Value for Carriage 35000.00 CNY	运输保险价值 Amount of Insurance ×××

储运注意事项及其他　Handling Information and Others
机场交货，机场提取　到达时请及时通知收货人

件数 No. of Pcs. 运价点 RCP	毛重（kg） Gross Weight（kg）	运价类别 Rate Class	商品代号 Comm. Item No.	计费重量（kg） Chargeable Weight（kg）	费率 Rate/ kg	航空运费 Weight Charge	货物品名（包括包装、尺寸或体积） Description of Goods（incl. Packaging, Dimensions or Volume）
8	250	Q		250	3.80	950.00	汽车零件 体积为 1.5m³

预付　Prepaid		到付　Collect	其他费用　Other Charges 燃油加价费 50.00　　货物运输单费 30.00　　手续费 50.00
950.00	航空运费 Weight Charge		本人郑重声明：此航空货运单上所填货物品名和货物运输声明价值与实际交运货物品名和货物实际价值完全一致。并对所填航空货物运输单和所提供的与运输有关文件的真实性和准确性负责。 Shipper certifies that description of goods and declared value for carriage on the face hereof are consistent with actual description of goods and actual value of goods and that particulars on the face hereof are correct.
50.00	声明价值附加费 Valuation Charge		
	地面运费 Surface Charge		
130.00	其他费用 Other Charges		托运人或其代理人签字、盖章　　　上海××汽车制造公司 Signature of Shipper or His Agent_____
	保险		填开日期　　　　填开地点　　填开人或其代理人签字、盖章 Executed on（Date）　At（Place）　Signature of Issuing Carrier or Its Agent
1130.00	总额（人民币） Total（CNY）		10JAN　　　　　　SHA　　　　　SCAC　　　FY
付款方式 Form of Payment		现金	

图 4-3　国内航空货物运输单

货物赔偿处理报告

CLAIM REPORT FOR CARGO DAMAGE AND LOST

收货人名称地址 Name and Address of Consignee	北京××汽车销售公司			电话 Telephone No.	
托运人名称地址 Name and Address of Shipper	上海××汽车制造公司			货物声明价值 Declared Value	人民币 35000.00
货物品名 Description of Goods	汽车零件	包装 Package	纸箱	货物价值 Goods Value for Amount	1260.00
货物运输单号码 Air Waybill No.	777-12345675	件数 No. of Pieces	8	重量 Weight	250kg
货物情况 Goods of Condition	丢失 2 件　80kg				
事情发生经过 Cause	此票货物 2016 年 1 月 9 日自上海运输至北京。收货人提取货物时，发现货物丢失 2 件，80kg，实际提取 6 件，170kg，已经向收货人出具货物运输事故记录。现收货人提出索赔，索赔金额人民币 20000.00 元整				
赔偿意见 Comments	按照货物声明价值和货物部分损失的规定赔偿				
赔偿金额 Compensatory Amount	人民币 11200.00				
主办单位 In Charge of Office					
领导审批意见 Signature of Director					
随附文件资料 The Documents was Attached	货物运输单复印件，货物运输事故记录，索赔函				

图 4-4　货物赔偿处理报告

综合测试

1. 什么是运输变更？

2. 一票电子产品从广州经南京运往哈尔滨，货物共 3 件 45kg。请问：

1）货物运至南京后托运人要求转运至长春，费用如何变更？

2）货物运至哈尔滨后，托运人要求退回，费用如何变更？

3）货物运至南京后，由于哈尔滨气候恶劣无法降落，征得托运人同意后运回广州，运费如何变更？若托运人要求运往长春，费用又如何变更？（来回程运价相同）

45kg 相应运价见表 4-1。

表 4-1　45kg 相应运价表

航线	运价/（元/kg）
CAN-HRB	15
CAN-NKG	9
NKG-HRG	8
NKG-CGQ	7

3. 什么是无法交付的货物？

4. 伪报品名和误报品名的处理有何差别？

5. 索赔人包含哪些？

6. 索赔时应该提供什么文件资料？

7. 赔付的限额是什么？

8. 已知下列货物未办理声明价值：

货物毛重	价值	在运输期间全部损毁可获赔
30kg	3000CNY	_____
55kg	5000CNY	_____
102kg	18000CNY	_____

附　　录

附录 A　国内航空货物运价表

附 A-1　上海始发国内航空货物运价

航线	最低（一票）	45kg 以下运价/（元/kg）	45kg 以上运价/（元/kg）	100kg 以上运价/（元/kg）	500kg 以上运价/（元/kg）
北京	120.0	4.0	3.5	2.8	2.3
重庆/成都	120.0	7.2	5.0	4.6	4.2
天津	120.0	4.8	4.0	3.5	3.0
广州	120.0	6.2	4.2	3.5	3.2
深圳	120.0	4.8	4.2	3.5	3.2
珠海	120.0	5.5	4.5	3.5	3.2
太原	120.0	6.1	5.5	3.2	3.0
武汉	120.0	4.5	4.0	3.2	2.8
沈阳	150.0	7.2	6.8	5.3	5.0
长春	150.0	7.5	6.0	5.8	5.5
哈尔滨	150.0	7.8	6.5	5.5	5.3
汕头	150.0	5.5	5.0	4.5	4.3
郑州	120.0	5.0	4.5	3.3	2.8
西安	120.0	5.5	4.5	4.0	3.5
海口	120.0	6.3	5.6	3.0	3.0
福州	120.0	5.0	4.0	3.2	3.0
厦门	120.0	4.8	4.0	3.5	3.0
济南	120.0	5.7	4.6	3.8	3.0
烟台	120.0	5.7	4.5	3.5	3.0
青岛	120.0	5.1	4.0	3.5	3.0
昆明	150.0	7.0	5.5	4.8	4.5
贵阳	150.0	7.0	5.5	4.0	3.5
桂林	150.0	7.7	5.6	3.8	3.0
南宁	150.0	8.9	7.0	5.0	4.2
大连	120.0	6.4	4.5	4.2	3.6
晋江	120.0	5.2	4.2	3.8	3.2
乌鲁木齐	150.0	12.0	10.2	8.7	8.0
北海	150.0	6.2	4.8	4.4	4.0
长沙	120.0	5.1	4.5	3.0	2.8

（续）

航线	最低（一票）	45kg 以下运价/（元/kg）	45kg 以上运价/（元/kg）	100kg 以上运价/（元/kg）	500kg 以上运价/（元/kg）
银川	150.0	6.3	5.5	5.3	4.2
三亚	120.0	4.5	4.0	3.8	3.6
石家庄	120.0	5.5	5.0	4.5	3.8
兰州	150.0	8.6	7.8	6.2	5.3
包头	150.0	6.6	5.6	4.5	4.2
威海	150.0	6.1	5.3	4.8	4.5
西双版纳	150.0	11.0	10.0	9.0	8.5

附 A-2　北京始发国内航线货物运价

航线	代码	航距/km	货物运价/（元/kg）			
			N	45	100	300
长春	CGQ	933	5.0	4.0	3.5	3.0
长沙	CSX	1446	6.9	5.5	4.8	4.1
成都	CTU	1697	7.5	6.0	5.3	4.5
重庆	CKG	1640	7.5	6.0	5.3	4.5
大连	DLC	579	3.6	2.9	2.5	2.2
敦煌	DNH	2552	10.5	8.4	7.4	6.3
福州	FOC	1681	7.7	6.2	5.4	4.6
格尔木	GOQ	2422	10.1	8.1	7.1	6.1
广州	CAN	1967	8.6	6.9	6.0	5.2
桂林	KWL	1887	8.4	6.7	5.9	5.0
贵阳	KWE	20.9	8.9	7.1	6.2	5.3
海口	HAK	2493	10.4	8.3	7.3	6.2
海拉尔	HLD	1313	6.4	5.1	4.5	3.8
杭州	HGH	1200	6.0	4.8	4.2	3.6
哈尔滨	HRB	1010	5.3	4.2	3.7	3.2
合肥	HFE	959	5.1	4.1	5.6	3.1
呼和浩特	HET	444	3.1	2.5	2.2	1.9
吉林	JIL	1.30	5.4	4.8	3.8	3.2
济南	TNA	412	2.9	2.3	2.0	1.7
昆明	KMG	2266	9.6	7.7	6.7	5.8
兰州	LHW	1356	6.6	5.3	4.6	4.0

（续）

航线	代码	航距/km	货物运价/（元/kg）			
			N	45	100	300
拉萨	LXA	3004	15.5	12.4	12.4	12.4
南昌	KHN	1398	6.7	5.4	4.7	4.0
南京	NKG	981	5.2	4.2	3.6	3.1
南宁	NNG	2250	9.6	7.7	6.7	5.8
南通	NTG	1080	5.6	4.5	3.9	3.4
南阳	NNY	980	5.2	4.2	3.6	3.1
宁波	NGB	1338	6.5	5.2	4.6	3.9
青岛	TAO	646	3.9	3.1	2.7	2.3
三亚	SYX	2710	11.0	8.8	7.7	6.6
上海	SHA	1178	5.9	4.7	4.1	3.5
汕头	SWA	1941	8.6	6.9	6.0	5.2
沈阳	SHE	649	3.9	3.1	2.7	2.3
深圳	SZX	2077	9.0	7.2	6.3	5.4
太原	TYN	522	3.4	2.7	2.4	2.0
温州	WNZ	1596	7.4	5.9	5.2	4.4
武汉	WUH	1133	5.8	4.6	4.1	3.5
乌鲁木齐	URC	2842	11.5	9.2	8.1	6.9
厦门	XMN	1774	8.0	6.4	5.6	4.8
西安	SIA/XIY	1034	5.4	4.3	3.8	3.2
锡林浩特	XIL	421	3.0	2.4	2.1	1.8
西宁	XNN	1780	8.0	6.4	5.6	4.8
烟台	YNT	575	3.6	2.9	2.5	2.2
宜昌	YIH	1483	7.0	5.6	4.9	4.2
银川	INC	1107	5.7	4.6	4.0	3.4
湛江	ZHA	2409	10.1	8.1	7.1	6.1
郑州	CGO	690	4.1	3.3	2.9	2.5
珠海	ZUH	2098	9.1	7.3	6.4	5.5

注：1. 每票货物最低的航空运费不得少于75元；地面运费不得少于5元。
2. 货物运价中的 N 为普通货物基础运价。
3. 货物运价栏中的 45 为 45kg 以上普通货物运价。
4. 货物运价栏中的 100 为 100kg 以上普通货物运价。
5. 货物运价栏中的 300 为 300kg 以上普通货物运价。

附 A-3　上海始发国内航线货物运价

航线	代码	普通货物运价/（元/kg）				等级货物运价/（元/kg）
		基础运价	45kg 以上	100kg 以上	300kg 以上	
		N	Q45	Q100	Q300	S
安庆	AQG	3.5	2.8	2.5	2.1	5.3
包头	BAV	7.6	6.1	5.3	4.6	11.4
北海	BHY	7.6	6.1	5.3	4.6	11.4
北京	PEK	5.9	4.7	4.1	3.5	8.9
长春	CGQ	7.7	6.2	5.4	4.6	11.6
常德	CGD	5.6	4.5	3.9	3.4	8.4
长沙	CSX	5.1	4.1	3.6	3.1	7.7
成都	CTU	8.0	6.4	5.6	4.8	12.0
重庆	CKG	7.2	5.8	5.0	4.3	10.8
大连	DLC	5.5	4.4	3.9	3.3	8.3
丹东	DDG	6.2	5.0	4.3	3.7	9.3
大同	DAT	6.9	5.5	4.8	4.1	10.4
福州	FOC	4.0	3.2	2.8	2.4	6.0
广州	CAN	6.4	5.1	4.5	3.8	9.6
桂林	KWL	6.7	5.4	4.7	4.0	10.1
贵阳	KWE	7.8	6.2	5.5	4.7	11.7
海口	HAK	8.0	6.4	5.6	4.8	12.0
杭州	HGH	1.9	1.5	1.3	1.1	2.9
哈尔滨	HRB	8.3	6.6	5.8	5.0	12.5
合肥	HFE	2.9	2.3	2.0	1.7	4.4
黄山	TXN	2.8	2.2	2.0	1.7	4.2
黄岩	HYN	2.6	2.1	1.8	1.6	3.9
呼和浩特	HET	7.3	5.8	5.1	4.4	11.0
吉林	JIL	8.1	6.5	5.7	4.9	12.2
济南	TNA	4.7	3.8	3.3	2.8	7.1
景德镇	JDZ	3.3	2.6	2.3	2.0	5.0
晋江	JJN	4.6	3.7	3.2	2.8	6.9
锦州	JNZ	6.2	5.0	4.3	3.7	9.3
九江	JIU	4.0	3.2	2.8	2.4	6.0
昆明	KMG	8.9	7.1	6.2	5.3	13.4

（续）

航线	代码	普通货物运价/（元/kg）				等级货物运价/（元/kg）
		基础运价	45kg 以上	100kg 以上	300kg 以上	S
		N	Q45	Q100	Q300	
兰州	LHW	8.4	6.7	5.9	5.0	12.6
拉萨	LXA	16.0	12.8			24.0
连云港	LYG	3.2	2.6	2.2	1.9	4.8
临沂	LYI	3.6	2.9	2.5	2.2	5.4
柳州	LZH	7.2	5.8	5.0	4.3	10.8
洛阳	LYA	5.1	4.1	3.6	3.1	7.7
牡丹江	MDG	8.8	7.0	6.2	5.3	13.2
南昌	KHN	3.9	3.1	2.7	2.3	5.9
南京	NKG	2.3	1.8	1.6	1.4	3.5
南宁	NNG	7.9	6.3	5.5	4.7	11.9
宁波	NGB	1.8	1.4	1.3	1.1	2.7
青岛	TAO	4.1	3.3	2.9	2.5	6.2
秦皇岛	SHP	6.5	5.2	4.6	3.9	9.8
齐齐哈尔	NDG	8.9	7.1	6.2	5.3	13.4
衢州	JUZ	2.8	2.2	2.0	1.7	4.2
三亚	SYX	8.9	7.1	6.2	5.3	13.4
汕头	SWA	5.4	4.3	3.8	3.2	8.1
沙市	SHS	5.2	4.2	3.6	3.1	7.8
沈阳	SHE	6.6	5.3	4.6	4.0	9.9
深圳	SZX	6.5	5.2	4.6	3.9	9.8
石家庄	SJW	5.7	4.6	4.0	3.4	8.6
太原	TYN	6.1	4.9	4.3	3.7	9.2
天津	TSN	5.8	4.6	4.1	3.5	8.7
潍坊	WEF	4.5	3.6	3.2	2.7	6.8
威海	WEH	5.3	4.2	3.7	3.2	8.0
温州	WNZ	3.0	2.4	2.1	1.8	4.5
武汉	WUH	4.4	3.5	3.1	2.6	6.6
乌鲁木齐	URC	13.9	11.1	9.7	8.3	20.9
武夷山	WUS	3.7	3.0	2.6	2.2	5.6
厦门	XMN	4.8	3.8	3.4	2.9	7.2

（续）

航线	代码	普通货物运价/（元/kg）				等级货物运价/（元/kg）
		基础运价	45kg 以上	100kg 以上	300kg 以上	
		N	Q45	Q100	Q300	S
西安	SIA/XIY	6.5	5.2	4.6	3.9	9.8
襄樊	XFN	5.6	4.5	3.9	3.4	8.4
西宁	XNN	8.9	7.1	6.2	5.3	13.4
西双版纳	JHG	10.3	8.2	7.2	6.2	15.5
徐州	XUZ	3.5	2.8	2.5	2.1	5.3
延吉	YNJ	8.5	6.8	6.0	5.1	12.8
烟台	YNT	4.7	3.8	3.3	2.8	7.1
宜宾	YBP	8.5	6.8	6.0	5.1	12.8
宜昌	YIH	5.7	4.6	4.0	3.4	8.6
银川	INC	8.9	7.1	6.2	5.3	13.4
义乌	YIW	2.7	2.2	1.9	1.6	4.1
张家界	DYG	6.6	5.3	4.6	4.0	9.9
湛江	ZHA	8.0	6.4	5.6	4.8	12.0
郑州	CGO	4.8	3.8	3.4	2.9	7.2
舟山	HSN	2.0	1.6	1.4	1.2	3.0
珠海	ZUH	7.0	5.6	4.9	4.2	10.5

注：1. 等级货物运价适用于急件、生物制品、珍贵植物和植物制品、活动物、骨灰、灵柩、鲜活易腐货物、贵重物品、枪械、弹药、押运货物等特种货物。

2. 每票国内航空货物最低运费为 30 元。

附录 B　常用飞机货舱数据

机型	货舱门	尺寸（H×W）/cm	收货尺寸（H×W）/cm	地板承受力/（kg/m³）
A321		190×120	180×110	
A320	前、后货舱门	180×120	170×110	976
A300	散舱	120×90	110×80	732
A340	散舱	120×90	110×80	
B737		120×85	110×75	
B757	前货舱	170×107	160×97	
B757	后货舱	140×112	130×112	732
B747	主货舱前门	264×249	主货舱 340×305	
B747	主货舱侧门	340×305	330×295	
B747	前下货舱	264×168	254×158	
B747	后下货舱	264×168	254×158	976
B747	散舱	119×112	109×102	732
B767	前货舱	340×175	330×165	
B767	后货舱	187×175	177×165	976
B767	散舱	119×97	109×87	732
B777	前货舱	270×170	260×160	
B777	后货舱	180×170	170×160	976
B777	散舱	114×91	104×81	732
B757-200		140×110	130×100	
B146		135×76	125×66	
MD85/80		135×75	125×65	732
MD11	散舱	120×90	110×80	
MD90	前、后货舱门	135×72	125×62	
FK100		75×65	65×55	
A300-600R	前货舱	270×178	260×168	976
A300-600R	后货舱	175×170	165×160	976
A300-600R	散舱	95×95	85×85	732

（续）

机型	货舱门	尺寸（H×W）/cm	收货尺寸（H×W）/cm	地板承受力/（kg/m³）
A310	前货舱	270×169	260×159	976
	后货舱	181×170	171×160	976
	散舱	95×95	85×85	732
A320	前货舱	282×124	272×114	732
	后货舱	182×124	172×112	732
	散舱	95×77	85×67	732
A340-300/313	前货舱	270×169	260×159	976
	后货舱	270×169	260×159	976
	散舱	95×95	85×85	732
BAE146	前货舱	134×76	124×66	
	后货舱	134×76	124×66	366
YUN-7	前货舱	119×109	109×99	400
B737-200/400	前货舱	121×86	111×76	732
	后货舱	121×88	111×78	
B737-300/500	前货舱	121×86	111×76	
	后货舱	117×88	107×78	732
B737-800	前货舱	122×89	112×79	
	后货舱	122×89	112×79	732

附录 C　国内航空货物运输单

始发站 Airport of Departure		目的站 Airport of Destination		不得转让 NOT NEGOTIABLE 航空货运单 AIR WAYBILL　　航空公司名称及标志 印发人 Issued by
托运人姓名、地址、邮编、电话号码 Shipper's Name, Address, Postcode & Telephone No.				航空货运单一、二、三联为正本，并具有同等法律效力 Copies 1,2and 3 of this Air Waybill are originals and have the same validity
收货人姓名、地址、邮编、电话号码 Consignee's Name, Address, Postcode　& Telephone No.				结算注意事项　　Accounting Information 填开货运单的代理人名称 Issuing Carrier's Agent Name

航线 Routing	到达站　　To	第一承运人 By First Carrier	到达站 To	承运人 By	到达站　　To	承运人 By
航班/日期 Flight/Date	航班/日期 Flight/Date		运输声明价值 Declared Value for Carriage		运输保险价值 Amount of Insurance	

储运注意事项及其他　Handling Information and Others

件数 No. of Pcs. 运价点 RCP	毛重 (kg) Gross Weight (kg)	运价 类别 Rate Class	商品 代号 Comm. Item No.	计费重量 (kg) Chargeable Weight(kg)	费率 Rate/ kg	航空运费 Weight Charge	货物品名(包括包装、尺寸或体积) Description of Goods (incl. Packaging, Dimensions or Volume)

预付 Prepaid		到付 Collect		其他费用 Other Charges
	航空运费 Weight Charge			本人郑重声明：此航空货运单上所填货物品名和货物运输声明价值与实际交运货物品名和货物实际价值完全一致。并对所填航空货物运输单和所提供的与运输有关文件的真实性和准确性负责。 Shipper certifies that description of goods and declared value for carriage on the face hereof are consistent with actual description of goods and actual value of goods and that particulars on the face hereof are correct. 托运人或其代理人签字、盖章 Signature of Shipper or His Agent
	声明价值附加费 Valuation Charge			
	地面运费 Surface Charge			
	其他费用 Other Charges			
				填开日期　　　　　　　填开地点 Executed on (Date)　　　At(Place) 填开人或其代理人签字、盖章 Signature of Issuing Carrier or Its Agent
	总额(人民币) Total(CNY)			
付款方式 Form of Payment				

附录 D　运价计算栏

航程：　　　　　　　　　　　　　货物件数、品名、尺寸：

计算过程：

1. 体积重量：　　　　　　　　　2. 适用运价：

3. 计费重量：　　　　　　　　　4. 航空运费：

件数 No.of Pcs. 运价点 RCP	毛重 （kg） Gross Weight (kg)	运价类别 Rate Class	商品代号 Comm. Item No.	计费重量 （kg） Chargeable Weight(kg)	费率 Rate/ kg	航空 运费 Weight Charge	货物品名 （包括包装、尺寸或体积） Description of Goods (incl.Packaging, Dimensions or Volume)

附录 E　运费加总栏

航程：　　　　　　　　　　　　　货物件数、品名、尺寸：

声明价值：　　　　　　　　　　　地面运输：

其他运费：

计算过程：

1. 体积重量：　　　　　　　　　2. 适用运价：

3. 计费重量：　　　　　　　　　4. 航空运费：

5. 声明价值附加费：　　　　　　6. 其他运费：

7. 总额：

件数 No.of Pcs. 运价点 RCP	毛重 （kg） Gross Weight (kg)	运价类 别 Rate Class	商品代号 Comm.Item No.	计费重量 （kg） Chargeable Weight(kg)	费率 Rate/kg	航空 运费 Weight Charge	货物品名 （包括包装、尺寸或体积） Description of Goods (incl.Packaging, Dimensions or Volume)

预付 Prepaid		到付 Collect	其他费用 Other Charges	
航空运费 Weight Charge				
声明价值附加费 Valuation Charge				
地面运费 Surface Charge				
其他费用 Other Charges				
总额（人民币） Total(CNY)				
付款方式 Form of Payment				

航程：　　　　　　　　　　　　　货物件数、品名、尺寸：

声明价值：　　　　　　　　　　　地面运输：

其他运费：